鄭家鐘——著

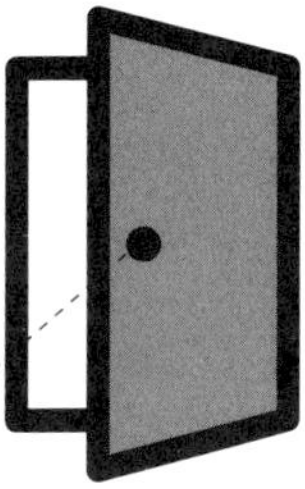

人人都需要的
群體對話課

社會溝通

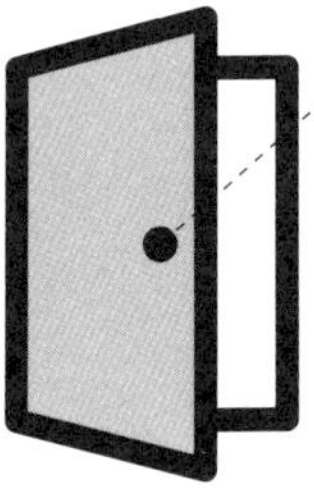

目次

第三章　藝術是公衆對話

第四章　虛擬世界的對話

目次

導言

我們每天都在對話。我們需要接受別人，也需要別人接受我們。

這個課題就是「社會溝通」。

美國明尼蘇達州的佛洛伊德被警察頸部制壓致死，引發燎原的反種族歧視怒火，長久的不當對待，引爆黑人的族群抗爭。事發之後，美國政府的社會溝通開了天窗，甚至川普片面地將街頭運動定調為暴動，激發了更大的反對浪潮，也給真正的暴徒製造了需要的混亂環境。

以我長年在媒體的經驗，這種積怨已久的抗爭，政府溝通需要的是明快反應與旗幟鮮明的譴責警察暴力，以及認同種族平等的價值，未能形成第一時間的溝通基礎，未重視時間結構的關鍵點，導致事後的延遲事件愈演愈烈。而這起事件，也凸顯了社會溝通的重要性。

溝通，簡單來說，就是——「你需要人家怎麼對待你，你就必須先好好對待人家，讓他可以對你有你預期的對待！」因此，社會溝通的第一個概念就是「對位」。

即是所謂的同理心，就是能很快地與對方「對位」，調好雙方最佳頻率。

溝通，靠的是明白我的狀況就是他的狀況來源，因此必須設法讓人有好狀況！

我在媒體的長期經驗，是由遠流的一本書開始。這本關於「爸爸、兒子、朋友」的書籍，告訴我，在我與對方之間，只有三種可以溝通的關係：

第一、我想當爸爸，他想當兒子。

第二、我跟他都當朋友。

第三、他當爸爸，我當兒子，講的是上下及平行的對位關係。

可以說，關係對位是一對一溝通的基礎，當有了這個基礎，這本書所談的「關係對到位」，才能發揮有效的溝通。

再進而到一對多的溝通，仍有其原型可以遵循。

在談社會溝通時，更應該回到本書的第一個概念「關係對位」的核心。

比如，現代人不喜歡爸爸對兒子式的溝通方式。因此若想要達成溝通，述說自己的不足遠比說別人的問題來得有效。除了「爸爸、兒子、朋友」之外，說自己的不足可以說是一種邀請，邀請對方進入朋友的對位關係；或者，他有扮演爸爸的機會，這叫「中間態」的溝通。

你必須知道的是，舊世界教你的溝通方法與技巧，應該是八成不管用了，因此你必須把焦點移到新世界的溝通方式。

未來是：「舊社會，老爸老媽的世界掰掰；新世界，孩子的世界，來了」。溝通也是。

舊社會的溝通，單向宣傳、上對下，伸張自己的意志，是一種供給導向；新世界的溝通，以你為主，互為主體性、找到雙方關注的點，是一種情境導向。

我在公益活動十年了，一直佩服諾貝爾和平獎得主尤努斯（Muhammad

Yunus）的「善循環六原則」，因為他充分了解有效社會溝通的成功因素，才會得到諾貝爾獎。

要得諾貝爾獎不是只有理念好，要能推動社會變革，這就需要透過溝通進行社會動員。

藝術界何嘗不是？哈佛教授 Jarrett 說：「藝術的表現目的，不僅是為他自己，而且是為了別人，藝術家必須要傳達。」有效的作品是對最多的人產生影響，而且有影響的延續時間長，長到超過幾百年就成了經典。達文西、林布蘭、米芾、黃公望等藝術家都是。

還有大家喜歡談的文化創意。文化創意是什麼？是把大家生活中的因子故事化，而且講出既熟悉又陌生的故事，對大家溝通。布袋戲是文化因子，霹靂布袋戲就是文創。故事之所以變成人民的新習慣，要靠溝通。

以企業來說，社會溝通更必須是專業，所謂客戶導向、以客戶為出發點，就是運用客戶的痛點來溝通自己的服務，使之有效滿足客戶，解決其痛點。

我用這本書，跟各位分享這個歷久常新的話題——群體對話（由一對一到一對多的對話）。

主要是因為你如果不懂這些，你會活在一個沒有希望的世界；而只要你能多了解一些，你將會活在充滿希望的世界，並且活得藝術一點！

本書運用到的核心概念不多，絕對是可以讓你活學活用，因為既然是人生必修，一定是很基本的東西，而且通常一定是要能活用的東西，才能稱得上為活學。

我以網紅打賞為例。你知道為什麼人家會自發自動黏在線上，看網紅直播打賞？自動接受別人的溝通，到底要得到什麼？人家跟你溝通你還付錢給他鼓勵？這個境界真高啊！

網紅打賞，表面上是網紅跟大眾溝通，但打賞的行為，實質是觀看者對網紅的溝通。溝通什麼？——「我存在」、「我在乎」、「我爽」。

驅動這件事的叫「人家生命中的匱乏」。有人提出，這個世界最大的市場是寂寞感。有人缺乏刺激、有人缺乏認同、有人缺乏超越自我的場景。因此，人人都想跟世界溝通，用溝通來解除寂寞，即使是打賞也是一種溝通。

這件事其實跟你為什麼買票去看戲有雷同之處。劇場經理想破頭的就是如網紅一般可以吸納人們來買票（給戲打賞），也因此，劇場心理學中有一大塊在研究——抓住注意力與克服觀眾的心理厭倦。在這裡我藉余秋雨的說法：我們必須研究「接受美學」來說明。「接受美學這個概念很適合拿來談社會溝通。第一要義不是你想演什麼？而是觀眾想接受什麼？因此你不得不去理解他們進戲院時的心理「預置結構」及「期待視域」，這才是重點。「預置結構」是觀眾以為他在看什麼？「期待視域」則是觀眾以為他會看到什麼？因此第二個概念就叫「接受美學」。

第三個概念則是「習慣改變」。社會溝通總是連結到想要改變某個群體的習慣，以達到社會效能的目的化。企業做品牌活動就是想改變你的消費習慣，把使用別家產品的習慣改為使用自家的產品上來，而無論它用的是商品行銷、情感行銷或價值行銷，結果都是要改變消費者習慣。而社會溝通在某些程度上來說就是要改變人家對你的態度，或者成見。

另外，在政治行銷上，當初劍橋分析以社會行為大數據幫川普打贏選戰，促成英國脫歐，也是利用選民的習慣，以透過洗腦式的網絡訊息置換成新習慣。

台灣引以為傲的成功防止新冠肺炎疫情擴散，也是從我們的習慣改變下手——全民口罩、自主管理、手機監控、社交距離、手部清潔及量體溫的貫徹，改變了我們的生活習慣。

因此，所謂的社會溝通，不是口才訓練、行銷技巧，而是一種改變習慣的能力。

我想，藉由「關係對位」、「接受美學」，到「習慣改變」、「藝術對話」，這四個概念，就足夠講清楚你的人生必修課。

我一直認為「知道少才會做到多」。一般教科書把社會溝通講得太理論、太複雜，毫無活學活用的好處，而且也太難記住了；但只要你懂得這四件事，對於社會溝通、群眾對話，大概就可以應用自如了。

讓我們輕裝上路吧！

以下各章節就是運用一些生動好用、具有視覺性記憶度（不是圖片，是可以在你腦海有畫面的敘事）的故事，把這些概念接地氣、講清楚！

> 別在你的溝通技巧上下功夫，你要下功夫的是如何讓對方接受，以一種舒服狀態下的習慣性接受！這件事你需要發揮你的的影響力來影響他人！

第一章

關係對位

一切從「賣人設」做起

你把自己人設了嗎？你成為別人的既定印象嗎？

原因就是因為這種簡單、粗暴的「打標籤」，可以讓受眾留下最直觀的印象，而贏得人氣。

現在不僅網紅現象，像韓劇及政治文宣，紛紛使用「人設」的概念進行溝通。

人設是什麼？其實就是動漫手遊的「人物設定」。本來是對虛擬角色的定義，包括年齡、長相、性格能力等，以用來發展敘事，但這個觀念已轉型為明星、經紀公司用來替公眾人物量身訂做的角色扮演，以滿足大眾的偶像幻覺與認同群聚，藉以堆疊支持者或高網路點擊流量。

所謂「賣人設」就是人物依靠設定的人物性格，迅速圈粉，吸引受眾。粉絲就是經濟力，只要能迎合大眾喜好造好的人設，然後熱度提升，就能帶來不小的收益。人設就是把消費角色扮演變成商業利益的操作。

批判學派的代表人物之一阿多諾提出「文化工業」的三個特點——標準化、理性化、商業化。商業控制下的公眾人物如今已經大多被「標準化」，娛樂工業下的他們已經有一整套現成的模具，按照經紀公司的打造，一個蘿蔔一個坑的填到那個模具裡。阿多諾講的很對，前陣子我聽出版社老闆講現在的簽書會用的是網紅聚人，書能不能大賣商業操作就靠這些「人設」而來，不一定跟內容好壞有關，這意味著人設的方法已成為一種促銷工具。

由於網路的發達，現代人某種程度已被標籤化，人設的網紅反過來讓打賞的人也被設定了。網路創造了互為主體性的人設族群，跟這樣的網民溝通，實在難以進行，因為他們只接受標籤化的符號溝通。使得未來的公眾對話有可能失真，產生有溝沒通或淺層感覺的溝通。這也是當代常常談到的，網路改變了人的知覺系統，未來人是困在人機程式整合的知覺系統中，跟原始人的感官使用已經大有差別。統一企業林蒼生總裁說，他現在看書不看電視，電視是被帶著走，看書是主動閱讀。

林總裁所說的，就是維持人的感知習慣必須抗拒某些科技。因為習慣用人設認定外在世界的人，不知不覺已經活在虛擬世界裡，他的認知框架極度窄化淺化，甚至斷掉理性溝通的可能。

由於時下的關係，已經大異於以前的人際關係，故關係要對位，比以前複雜多了。首先，對不對得上位，要看框架，而框架決定了價值觀。

凡是人都處於框架當中，框架是人賴以生存的必要。要合理化自己，要評斷別人或自己關心的事物，無非都由框架出發。

框架在哲學上的意義是：

「人的知覺和想法，總是遵循特定的脈絡、觀點、評價標準、假設，這些的加總就是框架；它會選擇性的制約我們的感知與思考過程，最後決定感知與思考的結果！」

框架不會在我們臉上寫個框架，但我們對別人的刻板印象（如日本人有禮無體、無商不奸等），隱諭（政治像狗咬狗一嘴毛），單詞（我要、我喜歡、我反對……），提問（難道我這樣錯了嗎？你是不是腦袋有問題？……）經驗順序（山雨欲來風滿樓），邏輯脈絡（如果不用核能只好用肺發電囉）等等，這些都是框架的典型樣態。

大部分的人在講這些時，其實大多認為自己很開放，沒有預設立場，但，其實，框架早就套牢我們了。

框架不等同於態度。有人會說我的態度是很開放的，只要合理的，我都接受，可是他講的是合誰的理呢？

框架不是我們「決定」的對象，是我們「設計」的對象，想要改善框架，必須先檢驗我們的語言與隱諭、假設與前提、單詞與提問、經驗與脈絡，才能設計更好的框架，這些東西常常習而未察，只有警覺性的注意，才會感知我怎麼了？我這框架哪來的？

框架既是我們連結世界的橋樑，就特別值得我們關注。

很多對話陷入困境，就是因為彼此的框架差太多。

那怎麼辦呢？了解別人有別人的框架，在他的框架中溝通固然不錯，不過，有時候要溝通的事如果在他的框架之外，這時就碰到溝通的框架障礙了！這叫雞同鴨講。那是否不跟不同框架的人溝通呢？別停留在這裡！框架很多種，其中有一種框架特別吸引我，那就是「我就是狀況」的框架。

講的是「我認知到，對於他人而言我本身就是一個狀況，從而領悟到他人的行為並非源於他的內在本質（別論斷別人），而是源於我這個狀態本身，他是因為我這樣，他才會那樣！」

換言之，別人會這樣對待我，是因為我製造了他必須這樣對待我的狀況，這其中包括他的框架、對我的認知，也包括了所處的環境，讓他有此反應。

這是雙向投射的鏡子哲學，其實在溝通上很重要！

因此，對於溝通對象，我除了知道對方的框架下會怎樣自我認為？也要了解我狀況的改變，可以改善對方的狀態。關係要對位，首先就不能在框架上「火車對撞」！

談到這裡，就知道對話這件事真的還是一門大學問，也是我們學習好好對待別人的起點！

Tip

薩提爾式對話告訴我們，在框架不清楚的狀況下，以好奇的姿勢，理解他人在的冰山（水下體積很大），請多用好奇的語氣跟人對話，可以打開對方的溝通之窗。

不理性如何溝通？

有次唐鳳的演講給我上了一課，我們因為時間寶貴通常對於表現不理性的人，不太會主動去招惹他，但在溝通過程中例如唐鳳這樣的政治人物，是經常需要面對這樣的「理性VS不理性」的場景。很多人經不起對方的情緒宣洩，也會怒從中來，用情緒對情緒的方式，演變到最後，不是溝通反而成了叫罵。

但我看到唐鳳處理溝通的智慧。

他在演講中提出：

1、溝通就是稍微傾斜自己，願意接受對方的影響，目的是感覺到對方所認為的那背後的感覺。有了相同的感覺才能用一個字、一句話回應對方，問問他是不是這樣？

稍微傾斜自己，讓對方感到你的狀況跟他接近，這是需要練習的。注意溝通首先要稍微傾向對方，立場需要移動一下。

2、聽是讓對方進入理性思考的方法

溝通的本質是聽懂對方表達的背後動機，除非你聽清楚他的完整意思，否則很難繼續下去；如果不懂又硬往下走，可能結果是「結樑子」，相見不如懷念。

3、心中要留一塊空間不能完全被擠壓，如果沒有留餘裕，就無法讓自己平衡回來。完全被擠壓，就只剩下同情心，而沒有真正同理心。同理心需要自己還是獨立的個體，能換位思考。

唐鳳的智慧在這裡：往對方傾斜是有意的行動，旨在讓溝通搭起橋樑，但別傾斜到自己自失立場被帶走了。同理心是不喪失自主性，否則發展成同情就非理性的溝通了。

4、留空間的方式可以用改時間再談，來爭取空間，這叫邊界設定，到此為止。

當感覺自己被壓縮空間時，可以約對方下次什麼時候繼續談，先消化一下。這就是要求自我有 boundary setting，透過時間的區隔，彼此心裡的空間都會慢慢滋長。

很多人個性強、才思又敏捷，這種人最容易把溝通弄成辯論，辯論弄成追殺到底，一定要把對方逼到牆角，結果問題愈發嚴重，雙方勢如水火，完全喪失溝通本意。

唐鳳說的好，有時重新設定時空，爭取雙方可以放大心理空間，才是正確的！

5、對方拒絕溝通並不表示對方拒絕表示，他可以用黑函、批判來繼續表示。給自己空間也是給對方空間。現在數位科技讓我們在線上可以視我們的狀態來溝通，對方把材料Po上來，我們可以視我們的狀態決定是否下載及發表意見。不會沒準備好就下載，進入逼到牆角的窘境。

關係對位需要雙方狀態好才適合同步溝通。

這種作法，也就是在彼此之間設計防護碰撞的第三方空間，事緩則圓，想清楚再表達，無疑是增加對話理性的良方。

我的人生碰到很多溝通的挑戰，尤其是在中國電視公司擔任總經理的時期，公司要精簡約九十個人力，以降低虧損保持跟友台的競爭力。但是難就難在中視有強大的工會且有團體協約的優於勞基法的保障，無法適用因虧損而資遣的標準。

這在資方及勞方的認知框架可謂南轅北轍，而且抗爭一開始就由非理性溝通開始。

為了順利推行精簡人力，只有全員簽定個人勞動契約才能取代團體協約。

因此，我跟團隊必須一一跟員工解釋公司的困境、重新議訂合理的工作條件，相對的也給簽約員工就業的保障；至於談不攏的，再個別談離職的條件。

這個談判從一開始就註定困難重重，而且工會理事跟我方達成協議，回去又被罷免，派另外一組理事來談。可謂一波不只三折，簡直驚濤駭浪，但我的原則是只要勞方肯談，任何形式多少次數，我都配合，誠意十足。先把自己的狀態調整好，再來就是向對方傾斜。

運用了類似唐鳳的方式，多傾向對方一點，再保留自主的空間，反覆談判用時間換取空間、用次數拉近互信，積極替離開勞方的生活想方設法，終於平順解決一場風暴。從我的親身經驗，益發證實這一套心法的可用性。

Tip

跟會溝通的人學習，是我們進步的動力，時時提醒自己，在難以溝通處用心以自己的狀態加上空間營造的智慧，是自己勇於塑造溝通好環境的象徵！你在人生中碰到哪些會溝通的人？看看他們怎麼面對困境及非理性時，如何溝通？

表達隱藏的奧妙

我們在前面，其實不知不覺，談到了對話前的調頻，對對話對象的框架認知及對話的動態過程，最後來到「表達」。

表達其實不是口才問題，是表達中是否有有趣的內核？枯燥的講道理不是好主意，讓你「接受」的絕對是感性的因素。在公眾對話中，更多的時候是使用文字，能被主動閱讀並陷入其情境的，是真正的有力溝通！

我舉一個親身經歷的案子為例，有次我們去參觀瀨戶內海藝術祭，豐島上註明有個作品叫「檸檬旅館」

我們到的時候，該展點已經關門了進不去。但卻是我們整個行程中最有記憶度、喜好度的一個「作品」

因為它的表達太好了！

我稱之為「檸檬旅館之驚奇擠檸檬」。

當我們到的時候看到 Closed 的招牌時，其實有點沮喪的。但我不死心湊前看它的告示牌。這個告示牌寫的是對投宿者的進入指南。（括號是我的詮釋）

它的操作程序上載明：

歡迎光臨敝旅館（真的旅館喔），請依照下列程序辦理入住（記住：

原來是要入住，不是來觀光）。

1、請兩人配對，這是很羅曼蒂克的地方，單人免進。

2、如果你只有一個人，別著急，等到有人看你上眼，你們再配對，很嬌羞的進來，人生的美妙總在意外處。

3、假如你無法成功配對到任何人，沒有火花出現，那麼本旅店會給你一個柏拉圖式的配對，總之確定你不是一個人（who knows? 也許你會遇上莎朗史東或蔡琴？）

4、只要你們完成配對，請找一個語音導覽器，兩個人戴上耳機，按下「*1*」鍵之後，聽話照做就好了。

5、你會到檸檬照相館。

在很柏拉圖或羅曼蒂克共處一室後，請拿起乾燥過的檸檬，你們必須做一個用臉頰擠檸檬的動作，注意是臉頰但你們要嘴對檸檬再對嘴也是你的自由，只是不能用手，也不可以擠對方（非本旅館主題也）。

你們的擠檸檬照會被ＩＧ收在＃cheekylemon中，成為一個藝術作品。

這實在太有趣了，登時整個團的團員都圍上來看，怎麼有如此創意的表達方式？

我馬上上網再進一步了解，的確，這不是藝術品，這是真的旅館，它網站上的說明也蠻妙的，說明是這樣的：

大家好！檸檬旅館不是一個平面或３Ｄ的藝術品（假如它也被考慮為一個藝術品的話）！

它其實是彷如來自遙遠回憶的小小嗡嗡作響的聲音，它擾動觀者的心情與心靈的波動……（超文青的解說）。

Lemon hotel 是一種體驗，但也是真實的一棟旅館讓每對客人可以住一天。

我們的客人將會吃到本地新鮮食材及一個榨乾的檸檬，他們醒來將會在黃色的燈光下洗澡，就像染上豐島黃色檸檬色的衣服一樣。

這個作品的藝術家：叫 Smiles（Japan）。

事實上 Smiles 是家公司，擴展生活風格的價值是本公司的首要準則，目標是透過「共同擠檸檬」所發出的聲音來展示我們的價值觀、營運模式及傳奇。

我們的旅館是重新裝潢過的有九十年歷史的私人宅邸。

每天有二～六個客人入住傳統榻榻米的通鋪，每個預約入住包含了毗鄰四百平方米的檸檬棚屋，有一個戶外的浴缸，讓你可以在檸檬樹下洗澡！（當然室內有現代化的浴缸、馬桶等設備啦）。

以下為房客需遵守的規定：

1、你必須互相尊敬的稱呼彼此！可以用頭銜，如教練，或親愛的，也可用彼此的名字（如近平、英文、國瑜、台銘等等），但不可稱呼老爸、老媽、孩子的爹、孩子的娘，或喂！或你！這些都不被允許。

2、你必須為年長者按摩肩膀

3、你必須發出聲音感謝每一件事

4、你必須發出聲音表達你以往隱藏的感情（如其實我暗戀你很久了等等）

5、你必須做以上所有的事（否則是怎樣？無法活著離開嗎？）

PS預約：我們在每個月的月初開放未來六個月後的預約，如四月一號開放十月一日起的預約；注意我們周一周二不營業。

我在這裡不是旅行介紹，而是告訴大家什麼是表達？

表達一定是——

1、前三分鐘就讓人驚訝覺得超特別的

2、表達最好跟有趣的行動互為表裏（如擠檸檬）

3、表達需要讓對方「被邀請」

是你邀請他進入你有趣的提議。

4、體驗的物理機制永遠是完整表達閉環的有力設定（如真的入住）

檸檬旅館整個設計真的是一件藝術品，是表達的高手。

溝通從來不是限於語言的良窳，也不是文案的俏皮，溝通是激起對方友善進入我方設定情境的藝術表現。在我們的日常生活中，我們常常被溝通，透過的方式叫做社會設計，用些有趣或參與式的設計，讓你主動去做或去了解一件事。公車每個座位都有下車按鈕，你必須去按才會停車。搭飛機你必須看安全示範……等等。

Tip

推而廣之，你的表達是用說教還是辯論的方式？還是讓人被吸引？孫子兵法，攻心為上，表達的最高段就是讓人被吸引！牢牢記住這點。行不言之教是溝通的最高境界，現在有一種人就是這行的專業，叫策展人（Curator）。

第二章

一切都是換來的

你知道你的一切都是換來的嗎？

在談公眾溝通時，有些人陷於「影響別人」的迷思，忘記基本上溝通的核心是交換。

我們一出生就是來交換的，交換就是為得到而付出，或為付出而得到。這點很多人不很明白。怎麼還有人為付出才去得到？大部分人講的交換是用自己的勞力去換金錢報酬，不會想成我是為了繼續付出我的勞力才需要得到報酬！你的一生不是得到來的，是付出來的。真正的交換是付出為先，對對方的需求有壓倒性的興趣！如果觀念是這樣，那麼溝通，就無往不利了！

交換的觀念運用在商業談判上或商場對話，就是你都是怎麼換的？即使是商業談判，會交換的人在談的時候總是想要談出大家以後都沒有遺憾，合作要朝合作關係愈來愈好的良性循環去努力，也就是在我們做一件事時除了「獲得我的最大利益」外，已經在前面擺了一個「設法永遠在一起」的前提。作生意無非希望客戶跟我永遠在一起吧？

天天與不同的公司或個人訊息交流，我們也會刺探、計算、研判對方的意圖，保留幾分關鍵，總希望用較不重要的資訊交換較重要的資訊、付較低的代價得到更大的好處。這也是人的自我防衛機制，無可厚非。

但這樣久了，關係會愈走愈窄，單純利益交征，是假性關係。但隨著智慧的增長，我們在跟人往來時會由用人成就事，慢慢轉向用事成就人。

如果，我們把交換改變一下，是為了換到對方沒有遺憾，這樣的交換就產生了質變。與員工對話，我會在乎就不是只要求他要做對什麼？而是看他可能做錯什麼？以及如何讓他下次不會再錯，方向改變了。

對不同公司的交換情報，我們也會由「利己損人」刺探對方虛實，加以利用的傳統習性，也會默默移到如何「利他不損己」？到「利他也利己」的交換模式。這叫交換的遷移。因為我而換，變成為彼此而換。

這種交換的遷移會有深遠影響。

我前面提到中國電視時期的裁員，最後因為幹部鍥而不捨的理性溝通，資方大獲全勝，然而因勞工抗爭過程，一定有對立對上的那一面，雖然資方已經換到了他的需要，但留下來的員工能交換到團結嗎？一般來說很難，但最後我邀集了勞方代表討論，如何再多發資遣費並獲致滿意結論，大家和平解決，而且也表示資方沒有利用這個機會為難勞方，即使資方獲勝仍願意理性溝通。我當時很明確的知道這場抗爭最後要交換的是「沒有秋後算帳，只有團結奮鬥」的中視！因為這樣換，事情過後風平浪靜。

事實上我遇見的好友還有人更會換。一位具有壟斷性的全球製程改善公司的老闆，上「改變的力量」課前，接了一些金額以千萬計的訂單，下課後開悟了，他打電話給客戶取消訂單，客戶非常詫異，哪有人白花花的銀子不要，居然賣方退單，問他怎麼回事？

這位老闆說「我上了一個課，看到了自己，你的製程改善只需要我一些建議你自己就可以做，當初我來幫你做是為了賺你錢，那是我的需要，不是你的需要，我現在明白了，我不應該這樣，容我取消訂單，但我會教你如何自己改善！」

這位客戶大吃一驚，也跟我的朋友坦白說「本來，我給你的訂單只是一個單元的改善，因為怕多花錢，也想藉這個案想試試你的績效，順便學一點而已，既然你這樣講，我也放心交給你，你來談談全廠的改善方案吧！」從此兩人成為通家之好，製程改善自然迎刃而解！

這樣換，換到的是真心實意。

我的朋友說，回公司宣布廢掉「客戶」這兩個字；以後只有「夥伴」，不再有「客戶」！從此這家公司完全脫胎換骨，愈做愈好！

所以，人生是來換的。你的今天就是你換到的戰利品，請問，你會不會換啊？你的人生所有對話，都在交換。想想，你換到的多？還是錯過的多？

Tip

世界上最會換的人應該是耶穌，他說我是為世人而來，我也願意為世人承擔所有的罪。只要信我必得永生！他跟所有人換的是永生耶！那麼，我們用自己的生命到底在換什麼？是換遺產嗎？幾棟房子？一堆股票？王永慶走的時候，最動人的致詞是長庚護校的原住民小孩，他說王董事長給我們一個不一樣的人生，這才是他真正換到的。

連公益也是換來的，要換大一點！

公益不是給予是交換，是拜託人家跟你換，這件事很多人不理解，以為公益就是捐錢，捐錢不是不好，是換太少！甚至換到與目的相反的東西而不自知。

如果你到印度旅遊，導遊一定會交待，到印度任何大都市，遊覽車常會被一群手腳或顏面殘缺的小孩一擁而上乞討，千萬別給錢！

也許你居於同情心會抗議怎麼這麼沒人性？

導遊說：這些小孩都是被人口販子賣到乞討集團，為了增加收益，他們的殘障多是由集團打手故意造成的，以爭取同情！觀光客愈給錢就會有更多的小孩受害。

知道這個幕後，你就會發現公益並非表面上那樣都充滿了善良。導遊接著說，如果你真的要幫助貧民，設法跟攤販買東西，至少這些攤販還沒有放棄家庭、沒有放棄自食其力，比直接施捨給那些小孩有意義多了。

透過這個故事，我們就知道，做公益是要換到對方能夠有更好的努力，而給是你想要的，換，才是人家的需要！

我看過一個很會換的人，就是孟加拉的尤努斯博士。他是窮人銀行的創辦人，哈佛大學經濟學博士的他，回到家鄉，發現遍地貧民，過著有一餐沒一餐的日子，社會貧富差距太大，貧窮陷入惡性循環。一個窮人的孩子，如果運氣好，念到大學也很難找工作，階級地位也會讓大公司不願用家境清寒的人，更何況大多數的窮人連念書機會都沒有。

尤努斯更發現，銀行也不可能貸款給他們，金融機構認為這些人還款能力差、沒有抵押品、信用風險大，基本上將他們拒於門外。

於是，他說：「我的銀行就是凡是銀行不做的我就做，我跟他們顛倒。」

他主張信用是天賦人權，人人都有信用。因此自己親自到鄉下去放貸給窮人婦女創業融資。他知道只要是母親都有一股強烈的動機，要孩子可受教育、改善處境得到比父母更好的未來，因此小型創業就成為媽媽脫貧的唯一機會。

很多人會說，窮人倒帳率一定很高，所以銀行才不敢借，這是基於社會教育的假設「人不會主動負責有利於別人，只會以自己的利益為唯一，該注意我會不會倒帳賴帳的是借款方，你疏於注意是你的事」，叫自利動機。

但尤努斯不這樣認為，他相信人的第一動機是要證明自己是可信的人，除非不得已才會不履行義務。

看來，尤努斯的假定更符合預期。

窮人銀行的還款率達百分之九十九以上，而且沒有擔保品，協助數億人口脫貧，連台北市長柯文哲都問：「怎麼有可能？」是的，連市長都會被那個自利原則制約。

不過尤努斯也不是天真到只靠相信而已，他知道遊戲要玩的下去，還是需要一套系統去周延的。他很聰明的把善良放在一個可以成功脫出惡性循環的設計中。

事實上，窮人銀行的借貸，不只是給錢，而是一套「會好」的想法，尤努斯借錢是有很多規則的。

舉其大者：第一、借給負責家計的婦女。在孟加拉男人好吃懶做聽天由命，真正能扛起家庭的是婦女，因此他抓住有動機的客群。

第二、要求每週還款無論金額多小，一定要跟收款員公開約定。這是要用小額還款養成儲蓄習慣，如果窮人不建立儲蓄，那麼就不會去規劃未來。

第三、要聯合借款人互相保證（建立鄰里互助）。

尤努斯把鄰近的借款人組成一個共同負責的團體，如果有一人還不出來，其他人要分擔他的應還款，這樣一來，這些借款人會彼此關心，互相鼓勵，並阻止男人亂花錢。

可見尤努斯很了解社會實況。

第四，更好玩的是，尤努斯還要求借款人要承諾挖廁所。他發現醫療費用會讓貧民破產，主要是因為衛生習慣不佳，遭致很多疾病，更何況，如果沒有衛生間，家裡就很骯髒，也不可能請鄰居來串門子，社會的關係無從建立，也會減損互相支持的力量。

第五，借戶還要同意兒女受教育。教育的惡性循環是窮人的父母沒受教育，也就不理解為什麼孩子要受教育，因此在孟加拉鄉下有很多家庭好幾代都是文盲，這種家庭是不可能由貧窮脫身的。因此尤努斯視教育翻轉貧窮命運的關鍵，爭取政府許可在鄉間辦簡易小學，這個簡易小學沒有課桌椅大家坐地上，只教數學、英文等必要的課。教英文是叫每個孩童唱歌、演戲，這種英文與考試拿分數無關，就是即學即用反覆練習，當場就要會（因為回去沒有機會溫習）我去參觀時，看到如此親民的教法非常感動！

第六、鼓勵借款戶下一代創業（良性循環的起點）。

其實他是透過借貸關係建立「善的循環」。跟大家想像的借錢完全不同。所以，一般金融機構服務「錢」，叫金融服務業。窮人銀行，服務「人」，應該叫「人融服務業」。這種服務業不受金融風暴影響，二〇〇八金融危機有擔保品的銀行紛紛倒閉，只有窮人銀行一支獨秀。

這個窮人銀行的創辦，給我很大的啟發，公益真正要換到的，是翻轉弱勢族群的命運，讓他們可以站起來。

現在資本主義的垂直分工，銀行只管融資，教育只管學校，這種各管一段的分工方式特別不利於弱勢，因為整個社會沒有任何機制可以像尤努斯這樣的脫貧扶貧系統支持！所幸「台灣尤努斯基金會」已成立，未來或許也會推出類似的方案，拭目以待。

尤努斯博士也是極會跟公眾對話的人，他到處演講、出書、跟意見領袖會談召開會議，就是要推動三零社會（零貧窮、零失業、零碳排）。

他提出新的主題是「我們是工作給予者，不是工作尋找者」（we are job givers, not job seekers），揭示尤努斯對未來零失業率的宏觀設想。他鼓吹年輕人不要再被「找工作」綁死。他說這是上個世紀的觀念。二十一世紀應該是選擇自己的工作創業的時代！同時，他也呼籲這一代的社會菁英要思考：「我們如何把這個世界移交給下一代？」

他認為，未來世界人口快速增加，到二〇五〇年，有可能達到一百二十億人口，但傳統經濟型態卻因為機器人取代人力，就業機會反而減少，要達到零失業率，只能透過創業精神解決，而不是年輕人到外面找工作。

他認為新一代年輕人不會只是追求財務成功、經濟成就，他們因為科技連結全世界，視野不同。

尤努斯說：過去的企業只有一種，以賺錢為目的。年輕人沒有選擇，只能去找工作。他強調，即使在孟加拉，他也認為沒有人一定需要被雇用，或呆坐著等企業通知他有沒有工作。

因此，尤努斯由窮人銀行借戶的第二代，開始鼓勵他們創立社會型企業，尤努斯成立「social business fund」提供創業基金。他說：「年輕人被老闆決定命運、喪失自己，是一種恥辱。我要設計一套方式，讓年輕人成為創業者！」

他認為，先要有夢想，才有可能發生，沒有夢想，就沒有任何事會發生。

跟當初尤努斯創立窮人銀行一樣，他的每項創新後面都有一套「讓人會自己好，可以站起來的務實規則，既簡單又能執行到底」。

尤努斯社會型企業的做法，跟資本主義創投育成也完全不一樣。在尤努斯的 Grammen trust 投資下，共有二千三百個創業者（二〇一七年），大多是窮人銀行的借戶的第二代，教育程度由小學畢業到大學都有。

所有的創業計劃經過信託的專家團隊篩選、訓練、建立標準，一旦開始營業必須每天用手機簡訊報告營業狀況、每週有每週業績報表，每月還要報存貨、現金餘額等，用同步方式 coaching 創業者、信託的團隊實施 onsite 及 offsite 監控，確保創業者注意各種經營風險並適時提出補救措施，包括再融資等。你要創業必須先要申請辦一支手機！

可以說，尤努斯的創業投資，不是投錢的投資業，是投人的投資業。

以後也一定有人會說：窮人創業怎麼可能都成功？殊不知，這個人的創業是等於整個信託基金在創業，只有了解背後這套嚴密的規劃，在「幫助人站起來」上面下的功夫，才能認識尤努斯消滅貧窮的決心與勝算。

尤努斯說，窮人就像種在盆栽中的種子，種子放在盆栽內長不出大樹，這不是種子的問題，是沒有足夠的土壤。

窮人沒有問題，是社會有問題。是制度造成貧窮，百分之八十的財富掌握在百分之一人口的社會一定造成社會動蕩，因此解決貧窮問題也是這一世代相對富裕中上階層自救的問題。

尤努斯天生有魅力，善用願景宣揚理念，親自規劃配套執行系統，他要換的是，消滅貧窮、消滅失業、消滅環境污染，這是用公益去換的經典作品！

說到這裡，你一定會了解，公益的換比企業的換大多了！捐錢、成立基金會，都只是公益交換的最原始狀態，要換就換大一點！換協助人可以站起來，可以解決問題。好現在、更要以後都會好！

Tip

如果你負責公益組織，你如何跟公眾對話？

1、我的作法要換到什麼？

2、我有沒有一套簡單可靠的會好的系統？

3、我有擴大循環的可能，讓世界愈來愈好嗎？

站到對方的視角去換

一切對話的目的都是交換，令我印象深刻的交換就是葉丙成老師的PaGamO學習平台。

他的教育翻轉，首先翻轉的是教育的傳達方式，是學生視角？還是老師視角？

葉丙成告訴學生：「人的能力就像打電玩時的『能力值五角型』，人不可能是完美的正五角型，你的責任應該是在大學找到哪個角比較突出」？他用孩子熟悉的電玩語言來跟孩子對話。

這個平台把教育枯燥的解題變成電玩的攻城掠地，並加上出任務的遊戲，以讓學生獲得進階利器或能力強化，所有的任務都是為了傳達特定訊息。

例如，校園反毒教育，可以用任務完成來獲得點數、公益參與亦可設計任務，由合作方提供獎勵措施等，孩子在學習課程、經營個人版圖同時，逐漸認識多元價值。

PaGamO 學習平台，利用 **online game** 讓作業變成遊戲，免費開放題庫給學生，至於經費來源則尋求企業贊助，只賺企業的錢來營運。

葉老師說他的使命是：「我希望孩子們的好奇心跟夢想不會再被扼殺」！讓學習跟著好奇心前進！

無界塾實驗教育，已成為台灣現在最具規模的國中小線上學習平台！他並預言，老師在教室講課的方式應該會過時，而成為先開放學生在線上學教材。上課成為直接做討論的型態，以增加學生表達、互動及判斷能力。現在全美的大學已經紛紛改成這樣的模式，葉丙成覺得台灣可以做的更早！

有人說，最好的溝通是「別人聽你說都覺得本來就是這樣，我已經這樣做！」

葉丙成的教育平台，不是傳統的方式，一般而言家長都擔心沉迷於電玩，但如果電玩是孩子的熱情所在，我們難道不能用它來點燃學習的熱情嗎？一定要把課業和玩電玩，弄成對立面嗎？這個思路，其實也運用了我所說的對話原則——態度對位、框架整合、讓人入我境的趣味原則。站到對方的視角去發想，確實比單純的甲方乙方交換要高明的多。我再舉寶可夢這個手機抓寶遊戲，每次只要有消息傳出哪裡有寶可抓，就看到街角擠滿了老老少少拚命按手機，專注程度不亞於大專聯考。這個遊戲融合了地圖、補給點、道館、進化、戰鬥值、個別差異、擬人角色，幾乎把好玩的點都搬到以GPS為基礎的AR遊戲上，成為歷久不衰的全民手機娛樂。

如何用寶可夢去交換呢？答案是聚人潮賺觀光財。二〇一九年十月新北市最熱的活動就是的**Pokémon GO**實體活動**Safari Zone**在新北大都會公園造成風潮，估計四天吸引來抓寶人數破八十九萬，其中四成是外國遊客，帶動十億以上商機。

這個老少咸宜的抓寶活動，從溝通的角度上也屬於用他人的視角的交換經典，真正換到的不是抓什麼寶？而是人們為了滿足自己的需要，換給新北市龐大的商業利益。

活動也帶給台灣訓練家們許多驚喜，包括新寶可夢、皮卡丘見面會、快閃商店等都非常受到粉絲歡迎，寶可夢系列商品及限量活動T恤都引發搶購熱潮，加上外國遊客在台灣的住宿、花費，經濟效益非常可觀。創造地區觀光熱潮，居然是用寶可夢活動來交換，這也給如何運用虛擬世界的熱門群聚去交換開了一條無限可能的路。有人說，未來寶可夢型的**GPSAR**遊戲，可以用在社會教育、文創、公益及藝術上，讓人們感受更有趣的學習體驗。

Tip

你在與對方或大眾對話前，知道——

1、自己要交換什麼？

2、知道對方最愛玩什麼？

3、多快切換到「一起玩」的頻道？

4、透過對方的快樂順利換到你所要的結果？

別忽略無聲的溝通

不用說什麼？人們自動來跟你換？這有可能嗎？不但可能，而且到處都是！

所有地景藝術都扮演了招財貓的作用，這種吸引大家來參觀、朝聖作品做為集合點拍照點的設計，都在與公眾對話，提供你拍照刷存在感及給生命儀式感。可見，人們在漫長的貧乏生活日常中多麼需要儀式感。

還記得黃色小鴨嗎？當時在基隆港大大轟動！

黃色小鴨是荷蘭概念藝術師弗洛倫泰因・霍夫曼所創作的巨型藝術品，先後製作了多個款式，其中一款為世界上體積最龐大，為26×20×32公尺。事實上霍夫曼在世界各地展覽的黃色小鴨並不是同一隻，在荷蘭的黃色小鴨的身高只有五公尺，在法國的則有二十六公尺，為目前世界上體積最龐大的黃色小鴨，而香港的則是一六・五公尺，台灣的也跟香港差不多！黃色小鴨一直是大家認為經典的儀式性體驗。

至於佇立在六本木Hills廣場66號，由傳奇藝術家路易斯・布爾喬亞（Louise Bourgeois）所設計的大型雕塑「瑪曼Maman」巨型蜘蛛裝置，更成了最能象徵六本木的指標性地標之一，它在歡慶開業十五週年時六本木Hills除了祭出一連串活動外，更邀請美國針織藝術家瑪格妲・賽耶（Magda Sayeg），運用她擅長的編織把蜘蛛化成了彩色呢！

這個作品是當初開發商的絕讚構想，其實人們的內心都有種深層的願望，都希望自己的生命不是單純的貧乏的，需要有亮點！跟大隻蜘蛛合照擺pose是不可少的小確幸！

我把它稱為一種沉默對話，是從人類心理底層第二層「渴望」發出來的對話，就說要渴望被看見、被接受，歸屬感這類的吶喊。地景藝術提供了人們喚起大家注意可以講述的故事。此類沉默對話用在宗教、政治、文化都是隨處可見的。

廟宇、大佛、威權時代的偉人雕像、中正紀念堂，其存在也是為了創造一種社會的歸屬感，讓人有認同的處所。

我個人提醒大家注意的是，與社會對話並不一定需要麥克風大聲公或者群眾運動；其實，更多的溝通是透過視覺來完成的。

Tip

當你想跟很多人對話時——

1、弄個肥皂箱站上去講話

2、弄個展覽，讓人自己看

3、也許裝置藝術也是不錯的選擇

一艘倒栽蔥的轟炸機漆上你反對的國家旗幟，不但明白表示你反對什麼，而且吸引民眾幫你分享視覺訊息。

影像也很有力量，天安門前擋坦克車的照片、越戰遭轟炸全身衣服燒光奔跑的小女孩，都是再明確不過的溝通，而且到現在還在進行世代影響！

別忽略無聲的溝通！會溝通有時比媒體溝通存在更久，影響更遠，而且也會改變社會面貌。

第三章

藝術是公眾對話

藝術以你為對象

往往有一種浪漫主義藝術觀，認為藝術家是自由創作不需要有對象，有點像唱卡拉ＯＫ一樣自娛自樂，好像藝術家只管創作，至於社會買不買單，是經紀人的事。

但說到底，很少有脫離時代需求及地方文化如天外來客般的作品。即使表面上不為任何具體客戶工作的藝術家，也難逃最後那個大買家的誘惑——歷史評價。因此，常常聽到很多藝術家說我不追求名利，作品價格跟我無關，即使真的這樣，但心中還在求一個傳諸後世的歷史定位。還是有「這個買家」在心中。

必須承認，藝術家創作時都有一個前提的知覺「給誰看？」它形成了一個「預測的甲方」，這個預測的甲方不斷的提出要求，藝術家也會和它討價還價，在內心中盤算要多大程度滿足它（或藝術市場）的要求。它的存在是藝術工作的現實。

達文西說：力量生於限制，死於自由。

邱志杰說：真正的創作自由總是在限制內得到強化的。

米開朗基羅忽然接到教皇的命令，要他停下手邊的雕塑，改去畫西斯廷天頂畫時肯定內心有點鬱悶，但他成功的解決了這個任務。

毫無邊際的天馬行空產生不了有力量的作品，預測的甲方對米開朗基羅是不需費神的，因為他有具體的甲方：教皇及貴族。但大部分的藝術家並沒有確定的甲方，仰賴中產階級捧場的藝術家，面對的是預測的甲方，某種程度是不易揣摩的，雖然這種模糊性使創作更具彈性，但仍然在限制內。

藝術家雖然不會一開始就完全接商業訂單，但他心目中仍然有一張訂單，就是「預測的甲方」，他們也必須跟這個甲方對話。我們可以想像為畢卡索創作，托爾尼卡是因為該城市受到地毯式轟炸的慘狀，賈克梅弟創造的瘦長渾身顆粒的「行走的人」，不也在隱喻現代人的行徑？

藝術家很少講自己的創作動機，他們透過創作物來進行溝通，作品是他們跟甲方對話的媒介。不明白表示自己想溝通什麼？甚至他把溝通推給作品，讓作品跟你對話，叫做「都可以」的對話。

有次參觀畫展，看到一個金黃色的圓形，我說「哇～這好像池上的黃金稻田喔！」畫家神祕的微笑說：「你說它是什麼，它就是什麼！」這並非賣關子。我們會慢慢知道，藝術作品的企圖是最大限度的引起你的想像，其實它製造了你跟自己對話的環境！

不過，藝術家有含蓄的一種，也有直白的一種，有些藝術家的社會溝通就非常融入。

像歐文．沃姆（Erwin Wurm）在北美館展出的「一分鐘台北」，一言以蔽之，這個人就是要讓大家跳脫枯燥刻板的生活，所導致的腦袋僵化及心靈灰暗的困境。

根據很藝術的說法，他「透過行為表演、錄像、繪畫、攝影為傳統雕塑破舊立新」重點只有一個：他的作品需要「被經歷」，誰經歷，就是觀眾，你我！

他把路人甲都拉進他的「一分鐘雕塑」去了！就是我們當了他作品的一個部分，進行了一次「短暫的表演性實踐」，觀眾（也就是你我）在表演性實踐中，暫時擺脫了自己的社會軀殼，還原到人的遊戲性，也就是藝術的起源。

「一分鐘雕塑」的系列作品中，多數開放給前來看展的參與者踏上擺放日常物件的展臺，依照文字和繪畫指示，以異於往常的方式與其互動，如把頭放進冰箱冷卻、將身體平躺於幾顆網球上等，形成有趣的臨時雕塑。作品參與者受邀以不常見的動作或姿勢與日常物品互動，形成矛盾、幽默、諷刺或荒謬的關係與狀態，實踐每個人都有一分鐘成為藝術雕塑的驚喜感！

其實日常生活中，歐文・沃姆展現了一種方法，即人透過與物件對話是可以創造新的感受價值的。

我要提醒大家的是，當全世界的藝術家都想跟你對話時，你有意識到你其實可以嘗試與藝術對話嗎？

Tip

藝術沒要教你思考什麼？但它教給你如何思考？換個角度思考，即思考看不見但等待實現的可能性！在我們處理社會溝通時，意在言外，或意在所處情境，也是一種更具趣味的溝通方式，何必說教呢？

接受美學的藝術心理

我因基金會的關係每年看很多演出。作為一個觀眾，自然會對表演有不同的喜好程度，但往往能從劇情、演出，音樂去解讀為什麼自己有不同感受。

而直到看了余秋雨的「觀眾心理學」，才知其所以然！

接受美學是由藝術心理學而來，但這門交叉學科還更多處於描述狀態，把觀眾的角色認真考慮還是很新的事情，它以德國康士坦茲大學五學者創立接受美學為里程碑，學派代表人物為姚斯及伊瑟爾。

他們的基本思路是任何創作都存在三角型關係——「作品、作者、大眾」。

基本上是作者透過作品跟大眾對話。

這個三角關係中，作品是前台，作者是後台，大眾是由作品的前台反饋到自身；自身的感受，就是你我的後台作用。看戲，戲是前台，編劇是後台，觀眾也是透過前台感知，與自己的後台互動。

那麼接受美學扮演什麼角色呢？就是揭露這兩種前後台的交流，如何進行的原則。

在現代生活中，我們每個人都是觀眾，每個人也都有自己的觀眾，看看臉書就知道了，大家一起給人看也看人家。

意思是我們需要接受別人也需要被別人接受，不然幹嘛連吃飯、走路、蒔花拈草都要在網上曬？

接受與被接受之間，必須要有一種方式或程式（臉書用點讚、留言及分享）。

好啦，其中的規則是有講究的。

面對接受者（也就是說你的死忠觀眾）的心理，不能過重，不能過輕；不能過於理性，也不能過於感性；不能過於黏著，也不能過於放鬆。

老愛跟人講道理的，道理不合就不來了；老愛發抒感性的，知識型的人就不來了；老是吃喝玩樂，吃齋念佛的人就不來了。實在蠻難的。

因此人們在人際交往中（網路交往更是），都或多或少的「注意」過程性打理（鋪陳營造氣氛）與場面性打理（借景造境、排場紅酒）；為了拉住接受者，有時不免帶有某種「表演性」（熱烈擁抱，或疫情期間愛不打烊擺pose）。

中間就是為了調動人的心理，聚焦對方的注意力引發共鳴，給你的觀眾有足夠的理解與想像空間，對你的演出不致厭煩。因此，余秋雨在書中特別提到兩個概念，一為預置結構，一為期待視域。所謂「預置結構」，就是人家會想像你應該怎麼做？這次新冠肺炎，白人不戴口罩，是因為預置結構告訴他們，只有生病的人才戴口罩；但在東方社會，戴口罩不在生病這個預置的結構裡，因為人有了預置結構，對於事情，就有了期待視域，期待你做出他認為合適的行為。

接受美學把美學的對象由生產者移向接受者，著眼於關心對方的感受，就如同最近我參加VERSE雜誌編輯們的座談，總編輯黃銘彰說編輯的任務是：「為時代留下最接近本質的切片，並將觸動人心的可能性最大化」。

你看這段陳述，重點在後一句，用文字影像設計來最大化觸動人心的可能性。

簡單說，總編輯的公共溝通中用接近本質，表達不膚淺，用切片表達文字凍結時間，但最重要的是影響可能性的極大，就是接受美學的運用。

我們要了解對話美學，首先要從關心人的美學需求開始著眼。

Tip

本節講了一個事實，公眾溝通是有美學基礎的——

1、你需要了解對方的心理預置結構

2、你必須不能離期待視域太遠

3、你需要會打理過程與場面

人生如戲，戲看人生

新冠肺炎後的世界變了！從此人們要習慣自己做自己劇場的主人！劇場演出的論點將成為生活進行的原點。

前一篇我提到的接受美學，基本上是分析觀眾方的心理動力，這篇則是由主角方的角度來看，人生如戲，每個人擁有自己的舞台，自為自己戲中的主角，要怎麼演？

讓我跟大家分享幾個重要劇場概念：

1、劇場是沒邊沒界，卻包涵所有可能

只要有特定人、特定空間，就構成劇場，演給世界看也是自己存在的表現。

有人講劇場角色就是人設，人在虛擬世界中會有很多個蠻形象的角色設定。但太適合市場的人設會導致人格分裂。劇場則不是，不必只有一種「市場人設」，而是不同劇場、不同劇本，有不同角色。

2、藝術與喜愛是不等同的

因為藝術價值是不會改變，喜愛卻會因為時空環境改變而改變。應該說劇場的演出一定有符合當前的價值，而這個價值只要有劇還在演，它是不變的，跟個人喜好無關，關鍵是你的劇本能演多久？

3、舞台上的事情是沒有一定的標準，沒有原汁原味的話題以歌劇演出而言，往往是沒有劇本，只有歌詞。舞台的所有時空都是創造可能性的元素，所謂話劇歌劇也是人習慣的消費方式不同而已；愈來愈多的觀點是「戲未必要照習慣演」，更要緊的是要讓演出方、觀賞方都有位移，經驗上的、心智上的、態度上的。

這也就是我要說的劇場對話。

4、戲如人生，人生是有背景音樂的，舞台戲也是人生的戲有千百種，但調性是只有幾種：悲劇、喜劇、歷史劇、時尚劇、親子、愛情親情、復仇報恩、教忠教孝、當代等。先想好到底劇本是什麼？給自己的生命音樂背景，然後才有你適當的舞台。

給自己選擇生命的背景音樂非常重要，是貝多芬命運交響曲的悲壯？還是史特勞斯圓舞曲的輕盈？音樂定調了你人生的可能性！我以前喜歡聽貝多芬，不知不覺就喜歡宏大的、勇猛的、刺激的生活；我比較不聽巴哈的那種百轉千回、沉穩人生。可見人是受音樂影響的。

5、舞台設計就是歌劇導演的前哨

尤其是意象的舞台更是由舞台設計主導，直接詮釋劇情的核心，這也是後來人生閱歷多了才知道。搭台有時就決定了給誰看？及好不好看？但有時，你是先有了舞台，你必須抓住舞台的意象，然後發展你適當的劇情——

我做過的事情非常雜，由記者、財經評論家、總編輯、總經理、資訊長、橫跨平面媒體的生產銷售，電視的生產銷售，網路的運營、電商的運營，舞台都不相同；角色也迴異，需要演什麼像什麼？我必須適合舞台的既定結構及市場公認的演出意象，來演繹自己想要的劇本。效果有好有壞，但基本須要求過關！須要求一路演來，練就一身接通告就須上台的本事。現在有人將這種本事稱為EQ，其實EQ並不只是投其所好的表達，更高明的叫「超越期待」，演的精彩！

6、有些舞台設計是不會有在舞台上換景這樣的事，而是如何讓在沒有換景的狀態下，就是那麼地短暫幾秒鐘，以書籤式的投影來換景。

人生一直演出持續，很少有機會停下來換景（或換工作），如何轉場、故事繼續需要一些轉場技巧。其實，在我們的生活上，我們常常會忽然進入不熟悉的場景（如客戶的辦公室，老闆的會議間），我們也需要轉場技巧。

那麼在同一個景當中，如何演出亮點？讓大家驚嘆？

我的經驗是：演難的部分、大家不想演的最容易突出；因此吃苦不只是當吃補，而是成為舞台明星的門票！會讓人驚豔、有記憶度的演出，就是令人讚嘆的難度！

如果有機會換景（換工作），那麼意謂著多少你選擇了新舞台，如何選擇呢？對角色有最大可能性及選擇權的優先。有些人說挑工作是挑興趣，我則認為，不如挑舞台，舞台夠大才是重點。

7、舞台設計師，自己要了解自己如何可以掌握，什麼時候可以換景的主導權，讓自己在舞台上有很大表現的空間。但更重要的是要讓團隊都能有表現空間，畢竟，舞台不能唱獨角戲。這時，以團隊最佳演出為宗旨的思維重於個人表現，現在最流行的企業文化，就是告訴我們，讓團隊能最佳演出的一種設計。

這又到了新的境界，如果你是創業，或擔任CEO，你就晉級為舞台設計師，就要看懂舞台意象、音樂搭配及劇本的良好配套（這件事，不一定限於老闆）。你參加活動，當康樂股長，或者，主導一項計劃，不都是如此嗎？

人生需要有上位合作與下位合作，有時你的腳本是別人寫的，你必須以最佳的態度做最輝煌的演出，有時你是擔綱的導演，要確保自己的下位配合者合作無間。

說到這裡，我們可以舉個真正的戲劇作品。以柴可夫斯基歌劇「尤金．奧涅根」為範例，來闡述她的設計理念。大致有幾個重點。

1、這是依照俄國大文豪普希金的小說原著譜寫成歌劇

說到這一點是因要建議你在宏大敘事中找到自己的位置、經營這個位

置，如果選的劇本太家常，可能就浪費了自己的角色。

2、來來去去就如同這齣戲最後是一場空，什麼都沒有，只剩普希金的原著永流傳，意思是人生如戲、戲如人生，演過就留下回憶，重點是演出都是會過去的，不必執著於某個角色。

3、這劇基本上就是俄國文化的呈現，舞台設計就需要諸多俄國的元素，可供觀賞者辨識。包括服裝、布景，甚至是白樺樹。

如果你演自己的戲，你的元素是什麼？人家要辨識你的是什麼？基本上看你用了哪些元素？這意思是，人是要靠道具的，沒有布景、道具，演來太枯燥，所以要具備多樣可調的元素。（在金融機構穿西裝，在電商穿酷裝；在大公司帶筆電，在時尚店戴太陽眼鏡……）

4、小景換大景的設計，均在舞台上轉換而不是蓋黑幕或停下來。是在音樂繼續，表演都正常演出下進行（確實有花費功夫，都是屬於舞台設備運用的技巧的問題）。這也意味著人生都是穿衣改衣，很難重新定位，一切混搭，運用技巧妙不可言，不必什麼一切重來，只能在生活中持續優化自己的變招能力。

以上的舞台理論，我覺得可以用在後新冠肺炎時代個人的生存術上。

也就是人生必須奠基於「識空立有」，知道人終歸要下台的，但也因此珍視台上的機會，知道無常隨時會來，但也因此善用每一天的可能。

Tip

如果你是這幕戲的主角，你會如何演出，讓人家明白你的故事？無妨思考：

1、所有的戲，都有無限可能性。請演一些人家沒演過的橋段。

2、你需要效果、音樂、舞台設計，使用元素是什麼？你有善用你的天賦嗎？你的表演天分嗎？

3、演完你想留下什麼？你是如何 ending 的？會被分享的一句話，一個動作，一個觀念是什麼？

窺見前後台

參加南藝大藝術的休閒娛樂講座，黃猷欽教授演講「幸福在哪裡？——一九六〇年代瓊瑤電影中的藝術與娛樂」。

這場演講頻頻爆亮點，他透過瓊瑤電影來看工作與非工作的問題。把六〇年代二十幾部瓊瑤電影中，對「非工作」，也就是休閒的愛情電影，其中出現的鏡頭做歸納整理，得到在影片中隱然有「藝術通常帶來痛苦、藝術高於娛樂，即使娛樂也有分類好的與壞的」三條主線！

如菟絲花的油畫蘊藏悲劇，陌生人中小提琴串接倫理悲劇、深情比酒濃中人物速寫扯出不倫小三戀，在瓊瑤電影中藝術家隱含不正常，正常的只能是二流的為錢背棄藝術，三流的成為騙子。這時反映了當時大家對藝術家的一種「預置結構」，只有脾氣古怪的才有藝術家氣質。

用瓊瑤電影來觀看當時大家的心理狀態，在當時一片台灣錢淹腳目的時代，藝術家似乎是社會的弱勢，而在電影中的藝術家也扮演著悲情的橋樑，這也反映了當時，財富增加的中產階級對藝術家的普遍看法。

不過，黃教授提到瓊瑤電影中也有積極性與批判性，例如：

1、主動創造比被動消費要好！藝術是主動創造的行為，它高於娛樂的被動消費，這點由她電影中一流到三流藝術家的觀點就可以知道，瓊瑤基本上還是高舉藝術貶低娛樂的。

電影中談的都是男女在「非工作」區塊的故事，像現在韓劇《甜蜜冤家》，或日劇《半澤直樹》，以職場勾心鬥角為中心的連續劇，或《寄生上流》這種電影，當時肯定是禁演的。非工作區塊中事實上有些娛樂是被歸於壞娛樂的，如打麻將、辦舞會等（莫名其妙認為這些沒有反共復國的精神），好娛樂則是登山、健行，崇尚體能的活動，可見這是個特定時代的產物。

在當時經濟起飛時期，大家上班都拼老命，做滿做足，因此非工作的生活，平常百姓其實能排遣時間的選擇不多。瓊瑤電影滿足了大家「想做而做不到」的慾望。這也代表了電影是現實的另一種補償作用。

2、瓊瑤的電影定位往往是在揭露生活中的後台，不為人知的一面。

黃猷欽教授用 MacCannell 主張個人在複雜官僚組織的社會中，生活是空洞的，好似所有真實都被官僚政治與大公司消費吸去，再沒什麼價值與真實留給個人。但若真實感被偷走，人們就會到其他地方去尋找真實，這便是旅遊的由來。他追求的是有深度的生命、正港的經驗。他也引用爾文·高夫曼（Erving Goffman）的前後場理論：任何公眾演出皆有前場與後場的區分。

前場後場理論適用於所有人生的演出。表現給人看的前場，及不讓人闖入的後場，人人有之、事事有之，旅遊與觀光客的前場、餐廳與食客的前場，都是一種演出，但是真正會帶來衝擊的，則是「闖入後場」，闖入是主動創造情境，而接受前場的安排是被動消費。

前場需要演出約定的角色，一定有矯情，賤人非賤人皆然，優勢族群弱勢族群一樣矯情；後場（排除假後場、即預設給人看的後場），是真實運作所在，動機所在，才是人生經驗主動創造的地方。

這個理論也解釋了風靡一時的瓊瑤電影，其實是在大家疲於追逐風光的經濟發展前台演出之下，用電影展示了某些人想要的後台，如去旅行、跟藝術家戀愛等等。

有人說，哎啊！瓊瑤的電影非常矯情，但「賤人就是矯情」的矯情理論，告訴我們人為什麼不得不矯情？因為，在前台，人受社會制約，要表現社會期待的形象，其實那是前台的演出；但人的後台，有很多慾望、情緒在翻滾，需要出口。看瓊瑤電影，劇中主角實現了很多人私下的慾望，給後台找出口。所謂後台的闖入，正是一種藝術行為。

3、但瓊瑤電影也不是只有娛樂性、滿足人不可告人的後台渴望，她還是有些暗示，要提醒我們覺察自己，擺脫日常的昏沉。重新覺察自己的後台，在其中找到元素，採取主動、創造自己的未來！

我們在談到公眾對話時，這個不經意發現的例子，卻讓我很有啟發。因為當對話進行時，其實是兩個前台系統的互動，那我們沒有闖入的後台發生什麼事了？有沒有辦法闖入對方的後台去看到背後的實況？用前場後場去理解人背後真正的努力與辛酸，有助於更好的對話及縮短距離！凡事不要只是看結果，眾生畏果（前場）菩薩畏因（後場）！後場才是關鍵。如果你是對話高手，你可能會面向對方出示自己的後台，以提供更接近對方的情境。

Tip

1、藝術讓你闖入人生的後台，多加了解後台有助前台對話。

2、有句話說要了解一個人的真實，到他家去坐坐。就是後台弄得怎樣才是真的！

3、自己的後台修的好，前台才會有吸引力！

用過去跟現在對話

再現歷史，一直是一種有力的表達，也達成直接衝擊現在的對話。

舉個例子，二二八與轉型正義，白色恐怖的歷史一直在歷年的政治運動上左右著我們的生活與感情！在藝術創作上也是不斷的用藝術的方式再現過去。

比如第十八屆台新藝術獎首獎由再拒劇團的新作《明白歌》獲得。《明白歌》在再拒劇團過往探索「聲音劇場」美學的基礎上，結合同樣以聽覺為表現核心的民間說唱藝術，營造繁複多音的聲響氛圍。作品走唱全台七個事發地點，演出之外也安排工作坊和講座，邀請當地講者與受難者家屬，分享白色恐怖相關案例及情感記憶。文本直接援引大量文獻，敘事方式結合民間說書歌謠，以多重角色的聲音召喚歷史血肉，開創更生動多面的記憶回溯。

得獎的理由是《明白歌》「將沉重的白色恐怖文獻，轉化為流暢深刻、節奏明晰的聲音劇場。作品結合口語文化、民謠唸唱和報告劇，以簡易的舞台、準確的符號意象，與四位表演者的靈活調度，藉由說演與吟唱再述無數受難者檔案，素樸地還原文獻的原始視角，傳遞了複雜糾纏的時空因素和政治環境。《明白歌》重返現場，讓個體的傷痛在經歷時代噤聲之後，明白召喚出以聲述史的傳承力量，抗拒遺忘與冷漠，舉重若輕地完成艱困的歷史敘事。」

可見社會中的重大事件可以變成社會基因，跨世代招魂，成為影響群體溝通的一種有力工具！我前面提到的觀眾預置結構中其實有很多是來自歷史留下來的社會基因。

運用過去顯著的歷史事件，除了某種意義上的再現外，通常附加了直指現在的批判或號召，形成一種隱形動員力量。

我再舉一個例子來說明，用過去如何跟現在對話，藝術有時候在這個地方派上用場。二〇一九年座落於威尼斯雙年展軍火庫展區碼頭有一艘你絕對不會錯過的龐然大物——斑駁陳舊用木頭架起來的貨輪。

如果不是因為雙年展，或許它會被觀光客看成是港口的廢船拿來當裝飾，但這是藝術家 **Barca Nostra** 叫「我們的船」的作品。這個作品用它本身來述說一條人道主義的艱苦旅程。

二〇一五年四月，在地中海距離利比亞海岸九十六公里發生史上傷亡最慘重的沉船事件，這艘船載了一千名利比亞移民船（大多數人是關押在鐵柵籠裡以免暴動），與前來救援的葡萄牙軍艦擦撞沉沒，因為船長的無能棄船，全船只有二十八人獲救，其他人隨船沉入海底。

在這事件後，義大利政府決定打撈這艘船並找出殉難者。二〇一六年這艘船被帶到布魯塞爾，作為具體證據要求各國負起責任解決「移民醜聞」，杜絕此類悲劇的發生！

二〇一八年年五月 Palermo 倡議開始，以這艘船為象徵，作為跨各國國境被踢皮球般移民的特洛伊木馬！

藝術家將這艘船搬上岸邊，不是只是要哀悼死去的移民，而更是控訴各國政府的集體共謀與政治計算導致了類似事件的大災難！

站在這龐然大物前，我有毛骨悚然的悲憤與對難民政治的反胃！這個作品不但再現歷史，而且對當前歐洲難民仍繼續成為政治人球與社會黑暗力量犧牲者的現在，提出了嚴厲的譴責！

這個作品除了一個作品說明牌子外什麼也沒說，但卻是最大聲的抗議。人類歷史上的戰爭、衝突事件，一直被運用在政治溝通上，有些是直接吶喊有些則是沉默抗爭，其中人道主義將會是一再重複被提出的課題。

有一個藝術作品卻提出了一個現在融合過去的表達方式。二〇一七年德國卡塞爾文件展，有一個展區是類似圖書館的展區堆滿了各式各樣的書，觀展者走在一片片的書架間，令人不禁從頭嘆息到尾，卻也感受到一股新的力量。

這些各式各樣的書是德國政府在二戰後，由納粹各種機構搜出來的書籍，全部是羅難猶太人及逃亡猶太難民被充公沒收的私人收藏圖書。德國政府花幾十年的時間一一找尋這些書主的後代，提供歸還的服務，或請其後代指定捐書的對象。德國政府服務到底，這是漫長的救贖過程，因此尚有大量的書籍在找主人，也就是展場所展出的無主圖書，還在召喚它的主人後代，有些則是連後代都沒有成為孤魂的圖書。

這個展覽之所以特別，是因為它不只是一種歷史教訓的再現，它又是曾經是屠殺元兇的德國政府的一種面對。而認書運動更是一種救贖，即承認公權力造成的錯誤，願意誠意致歉。

我認為所有歷史再現型的群體對話，這個作品堪稱經典，因為它不只是歷史傷痛的回憶，還是邁向未來的勇敢！

在這裡我也想引用寫出《追憶似水年華》的法國作家普魯斯特的一段話。

世間唯一真正的航行……不是造訪新奇的島嶼，而是擁有別的目光，用另一雙眼睛觀看宇宙，用另外一百雙眼睛觀看另外一百種宇宙，同時也由那一百種宇宙反觀自身的宇宙！

藝術表達讓社會人群擺脫既定眼光，打開另一百雙眼睛，或許往往最隱而未顯的「歷史再現及重新詮釋」，可以接續歷史感又創造新意義，會成為打開世人眼界的絕佳對話方式！

Tip

歷史是迷人的，它用在當代溝通始終是一種闡述新觀點的捷徑，因為它運用了最普遍的社會基因，並賦予它新的生命。想想看，你在進行公眾溝通的，如何使用歷史再現方式來表達當前的問題。而獲得高度的共鳴？

綠光劇團演出的「再會吧！北投」一演再演，深獲南部觀眾的熱愛，它再現了什麼？

川普用「讓美國再次偉大！」勾起了美國民眾對二戰後美國獨強，世界在美國腳下的歷史記憶，他又想再現什麼？（雖然他沒有連任成功）

參與式對話

參觀了華山西班牙時尚攝影大師尤傑尼歐（Eugenio Recuenco）耗時八年時間，在一個長2.5公尺×寬3公尺，手工搭建的小房間裡，創作出三六五幅攝影巨作，並以日期命名為「365°」系列。風格採超現實主義美學，以獨特陰鬱的色調呈現，議題涵蓋社會事件、哲學、歷史、娛樂等，也向經典藝術致敬。「365°」系列不僅是尤傑尼歐最富盛名的作品之一，更在時尚攝影界捲起奇幻美學巨浪！

主辦單位聯合數位在現場設置多個跟尤傑尼歐拍製同大小的房間給大家進去拍，自己沉浸在尤傑尼歐的魔幻世界中，而且還張貼作品對照供民眾擺姿勢參考，我也忍不住進去拍了若干張，這種「參與」的照片民眾一定有衝動會分享出去，這是主辦單位運用社群擴大病毒行銷的盤算。

我認為參與是人的天性，因為參與可以產生「存在感」及「代入感」，前者知道自己跟這個神祕宇宙有連結，做了一件有漣漪效應的事；代入感則是你因為在藝術家創造的情境當中，從而體會並得到啟發的感受。

在公眾對話中，參與感產生認同，代入感形成自發支持都是非常重要的。

誰在藝術上表現出這種力量呢？在藝術家中我非常喜歡的一位是小野洋子，她也是我的人生學習偶像。

她是披頭四約翰・藍儂的第二任妻子和遺孀，她在前衛藝術、音樂和電影領域都是很出名的。

儘管年輕時期大膽前衛，但她晚期作品的核心在於觀念，而非材質。

她常透過一些口頭或指示文字，讓藝術作品最終成為觀者共同經歷的身體與心智體驗。我在觀展過程中深深感受她熱情邀約大家進入「自己行動」的狀態，包括往內觀看行動與往外「do something」的身體經驗。

最近讀了她極具詩情的《生命種子之歌》，終於了解為什麼她無論如何天馬行空的說生命，最後一定要落地到讓讀者觀視一件跟自己及身可得的事與物。這就是小野洋子！她熱愛「人」，她對人身心靈的合一與躍進很有期待！

上次她在北京的布展由館外的「願望樹」花園開始，用松竹梅象徵堅毅、執著與頑強的生命力。小野洋子邀請公眾寫下願望（我也寫下國泰民安世界大同），所有的願望將被送到小野在冰島首都的「想像和平光塔」，跟一九九六年以來，全世界數以千萬計的願望匯聚在一起！

我想一個藝術家用這樣的方式「蒐集人的能量」，而且做累積性持續「增長廣大」的策劃，小野洋子的慧心跟「把愛傳出去」的大設計非常相應，震撼了我！

她為北京展覽特別創作的「金梯子」，是一個以觀者參與為概念的裝置作品。小野洋子邀請觀眾制作自己的金梯子，不限尺寸、材質及形狀，只要是金色，都可以拿來跟事先置放的七把金梯子「聯合展覽」

透過這個參與創作，大家可以「靜心觀照」自身是如何沿著存在之梯往上攀爬的？朝天空爬升之後，自己又是如何「下梯子」？

在小野洋子看來，天空是包納一切的無限，是萬物生滅的源頭！

其實，小野洋子關於朝向天空的意念非常強。她的「看天空」（二〇一五在紐約MOMA），這螺旋梯通向頂端會開始搖晃，讓你忐忑不安的朝向天空去試圖觀視，在最高的盡頭，你在恐懼中有自由超脫的感覺，最終你只看到一個字「愛」。

小野洋子的藝術非常熱烈邀請「觀者」用自己的五感去體驗，得出自己的答案。

另一個展品是瓶瓶罐罐的水，每個水罐貼著人名，由愛因斯坦、馬克思、馬雲、郎郎到歐巴馬、江澤民都同樣體積，無色無臭的純水。

小野洋子告訴大家一個事實：所有人的本質都是一樣的。

「我們都是水，裝在不同的容器，所以相遇如此簡單。有一天，我們將一同消逝，在水消逝之後，我們會指著容器們說，『我在那兒，那個容器。』」

用水這個隱喻，她也提醒我們，人跟水一樣，互相連結，終歸是大海的一分子。

我喜歡她的原因是：這個早期被視為非常非典叛逆的藝術家，到了這個爐火純青的年紀，卻對人如此熱情，我喜歡她的思路：

「你自己一個人做的夢只是夢境，大家一起做的夢才是真實。」

她的特色是：

她講的話的最後一句，都是要你採取一個行動，因為那才是真正活的地方！

小野洋子已經八十七歲，仍然努力為世界之愛努力創作，鼓舞世界各地的人共同行動集體創作，用協作凝聚共感，取代用競爭彼此剝奪，她是真正「不浪費自己」的人。我們一生的經歷都是為了「能用」，用於讓世界更好！她示現做是真正活著的力量，人人皆然。

她號召參與、提供對話、喚起行動，是真正熱愛生命的藝術家，也是參與式對話的最佳典範。

Tip

如果你有能力讓公眾參與就不需致力說服，因為讓參與者理解你，並因為參與感及代入感不但認同你，而且根本成為你，是對話的最高藝術了！

想想看：你是用對大眾說理方式溝通好呢？還是讓他參與到你的情境中好呢？小野洋子是更佳的溝通。

再想想看：台新銀行公益慈善基金會「您的一票，決定愛的力量」，為什麼用投票、快閃拉票，來進行活動？它極大化了什麼參與？

第四章

虛擬世界的對話

日新月異的認同魔術

前陣子監察院公布了蔡英文與韓國瑜的政治公關支出，其中韓國瑜包給正規的廣告集團凱洛媒體，而蔡英文則包給與民進黨關係深厚的政治公關公司「幫推」和「投石」，這兩家公關公司不僅在二〇一八年九合一選舉為民進黨候選人操刀，在二〇二〇年總統大選期間，也為蔡英文做宣傳。根據監察院公布的政治獻金明細資料，「幫推」與「投石」二〇一九年六月到二〇二〇年一月共接蔡陣營六十九件宣傳案。

在二〇二〇總統大選期間，「幫推」共接五十九件蔡陣營宣傳案，合計三三四三．五萬元，包括活動企劃、廣告託播、影像製作、專案影片、時事議題專案、政績宣傳計畫、網路直播、影像製作、廣告投放等，金額從五千元到近五百萬元不等。

而「幫推」的宣傳案中，其中四十九件為二〇一九年十月執行至二〇二〇年一月，共計二七六八．八萬元，另十件則是二〇一九年六月執行到九月，以二〇一六年的總統大選剩餘款來支付，其名目為「當選後與其公務有關之費用支出」，總計五七四．六萬元。

從這些數字來看，就知道政治公關已經是台灣選舉的必備，相較於韓國瑜仍然靠傳統廣告集團，幫推及投石則是更新一代的政治精準行銷公司，負責人年輕有創意貼近民眾，這應該不難窺知勝負了。更何況這兩家公司承接的標案除了選舉還參與政府政令宣導標案，跟中央及地方政府機構均有長期承辦經驗，對於爭取民眾認同的功力應該非常專精。不過，另一個讓我印象深刻的是二〇一八年十月十二日，菲律賓期中選舉登記參選起跑日，全國電視台ANC晨間新聞台，出現了台灣人的身影。

新聞主播說，選戰正式開打前，要為觀眾做好準備，以造王者（king maker）之名，她介紹杜元甫出場。

「能不能告訴我們，社交媒體是怎麼靠著數位同理（digital empathy）、社媒聆聽（social listening）破壞或是建立競選活動的？」

「你過去三年在亞洲打過三十一場選舉、贏了二十三場，祕訣是什麼？」

「你們公司跟你們手上的技術，跟劍橋分析有什麼不一樣？」

連珠砲的問題，環繞在社交媒體與選戰間的關係，十二分鐘的英文訪談，除了對新科技的介紹，超過一半，談的是台灣選舉經驗。

主播要杜元甫給出對二〇一九年菲律賓大選的預測。「『米飯』，將是這次選舉的關鍵。」杜元甫在電視上秀出台灣大數據分析公司 QSearch 的圖表，解釋為什麼同樣談經濟，候選人必須要講「飯」，而不是「通膨」。

「通膨大家已經沒有感覺了，覺得跟自己無關，但你講『飯』，每個人都會跟你互動（指按讚、分享、留言）。對菲律賓人來說，飯已經變成一切事物在情感上的象徵，」杜元甫指出，數據顯示，談到米飯，菲律賓人想到健康、生活福祉、對未來的恐懼等，成為對生活想像的集合，候選人要取得選民目光與認同，就必須圍繞著米飯發言。

新加坡 AutoPolitic 是杜元甫創立的，他同時也是台灣大數據分析公司

QSearch 共同創辦人，後者普遍被視為柯文哲在二〇一四年獨立參選成功的網路作戰功臣之一，也是在國際上知名的台灣數據分析公司，為企業提供分析社交聲量、行銷建議。

這段報導揭開公眾對話的關鍵字，就是「認同」。

自從劍橋分析之後，運用大數據爭取認同的政治運動愈來愈普遍，然而爭取認同的操作已經超越傳統溝通，而跨入改造公眾價值觀的領域，在上世紀這叫心理戰，現在叫大數據行銷。為什麼這種行銷有效？因為確實腦是可以洗的！

這也是當前頗具爭議的議題，就是在政治洗腦日益發達的現在，到底民主投票中獨立思考占多少？網路認同操控占多少？民主政治的基礎人民監督、民意決定，還有幾分可靠？或許網路精準行銷是當代最強而有力的公眾對話，而對話的結果是希望換你的腦袋，甚至是換一個可以輕易控管的腦袋！

《思考的藝術》（*Die Kunst des klaren Denkens*）作者魯爾夫．杜伯里（Rolf Dobelli）寫了一本《拒看新聞的生活藝術》（*Die Kunst des digitalen Lebens*），他對衛報編輯部的演講直接就吐槽新聞業為娛樂事業，更糟的是，經由數位化，新聞已從一種休閒娛樂媒介，搖身變為有害人類心智健康的大規模毀滅性武器。

杜伯里語不驚人死不休，他認為新聞會改變我們的大腦。如果我們讓自己被一種新文化現象（例如大量的廉價新聞及替這些新聞加溫的談話節目）給淹沒，我們的思考器官也同時被改造，所以洗腦這個名詞根本名副其實。人們對新聞氾濫的適應，確實是在生物學層面進行的，你八百七十億個神經細胞與上百兆個突觸連結方式，將被膚淺、片面、短視、嘲諷的訊息擊發而改變了連結方式。他的說法是，有時並非你刻意注意哪些訊息？但視覺會自動對外蒐尋訊息，只要你四周充滿了這些，你就會被「改造」。

結果是即使你沒在「消費」新聞，大腦的運作方式還是會以更糟的方式運作。

神經生物學家羅及基（Kep-Kee Loh）指出，一個人愈常同時看不同類型的媒體（報紙、線上新聞、電視、推播即時通訊……）他的前扣帶迴皮質（掌管注意力、道德思考與控制力衝動的部位之一）就會退化（神經細胞數減少），高度新聞上癮者會有專注力退減與情緒控制問題。

有些人愛看電視新聞與談話性節目成癮，看書就看不了四十五頁，而且常常煩躁不安。加州大學教授Merzenich說，這並不是什麼老化現象，而是因為大腦的物理結構被新聞成癮改變了，他形容這種現象為「我們訓練自己的大腦去關注某種蠢事」。換言之，蠢事讓人變更蠢，而更依賴蠢事！

杜伯里雖然大聲疾呼要拒看新聞，但這只是烏托邦的想法，人的大腦忌真空，一定會由環境找訊息。在這個網路時代，訊息轟炸無所不在，網路的內容農場、網軍、電視台在新聞之後談話節目的持續及全面覆蓋，現在要人認同的方法，已經從說服你，進展到很具有吸引力的訊息充滿你的周圍，最後這些意見就變成你的意見。

我們無法忽視爭取認同的方式已經突破「講道理」的理性選擇界線，來到自覺感性認同的境地。

展望未來的公眾溝通這股暗黑力量將扮演舉足輕重的角色，不過如果民主政治都可以透過洗腦而改變選民認同，那麼執行操控認同任務的網軍企業將是選舉資金最大的贏家。而民主最後仍舊成為金錢的奴隸，這也是現代民主政治的真正危機。以前是用錢買票，大家還可以抓賄選，現在是用洗腦換選票，而偏偏這些錢是花在精準行銷，愈有錢的政治人物將更有訊息戰的資本，最後還是錢權交換。

過去的溝通只是想在一件事爭取你的認同，它無意改造你的大腦，但今天網路上癮的時代，終於給了精通心理作戰專家一個工具，他們志在改造你的大腦，翻新你的價值觀，從而長期認同某類的政治傾向。

藝術家陳界仁說：我們都知道信仰絕對主義、國族主義的基本教義派，如何操作網絡言論的基本手法——先製造簡化的二元對立符號、再對違反「忠誠命令」者貼上各種標籤、接著對「異己」進行各種任意性地貶損與嘲諷，同時這每一個步驟，都會以不斷轉貼的方式，形成所謂的「民意」。如果「異己」居然還回應，那就從回應文章中，再任意節錄片言隻語，繼續以上述方式，重複操作一遍。如此反覆不斷地循環操作，直到「異己」最後成為「民意」公認的「卑鄙者」，同時讓所有人不敢為「異己」說一句公平之語，最終，當然是讓所有的「異議」與「噪音」都從此噤聲。事實上，過去只有極權國家用壟斷的媒體才能製造類似的效果，時至今日，政黨利用網際網路社群媒體可以更快更有效地達成相同的效果。

像我這種年紀的人，已看了幾十年這種操作手法的原型，但在後網絡時代只是加速這種操作手法的傳播速度，而擁有龐大接受「忠誠命令」指揮的「我族」基本教義派，最後總是能使社會接近一言堂，異議分子則成為網路監控中的囚徒，這也是當今社會溝通最大的機會與最大的道德危機！

Tip

你避免不了網路操控，但你更必須更懂運用傳統智慧。在此種時代，有時回歸對話的原始狀態，即人跟人的面對面對話，益行重要。

「觀其行才信其言」成為判斷真偽的最後防線，同時，無論你贊成或反對，了解劍橋分析式的心智操控技巧，自覺遭受威脅自主防衛偏聽偏信及從眾效應，是每個公民的基本武裝。

而如果你是使用這些工具的一方，要秉持良知，適可而止，要具有高度道德意識，為全民負責。

閉環對話

我在前面有提過一個名詞叫「互為主體性」這個觀念，對我們理解「網路族群共識」非常重要。

學術上對互為主體性的定義是「Intersubjectivity（互為主觀性）」有兩種用法：

- 作為一種人際間互相共同承認的意義或對情境的定義。
- 一種共通感（common-sense），在彼此互動間，並在日常社會與文化生活中被用意義詮釋資源，由人們所建構的共享意義。如果人們共享此一共通感，則他們就共享有對情境的定義。

互為主觀性強調共享認知與一致感，是形塑我們概念與關係的基本要素。

好像挺學術的，但簡單說就是在網路世界中，已經模糊了真相的界線。很多網路移民是生活在互為主體性的世界彼此增強存在感，形成閉環對話，排斥及拒絕相信任何與其共通感牴觸的東西。在他們圈外的人覺得他們很自閉，但他們圈內的人覺得圈外人很異類非我族類。

說穿了，就是一群人形成了閉環對話，在對社會現實的理解逐漸脫離客觀，只挑選主觀上與這個閉環吻合的現實來作為全部的現實！

網路行為特別容易完成閉環對話，應該說跟名噪一時的劍橋分享大數據精準行銷公司的「心智操控」技術有關。歸納起來，劍橋分析有八大特色：

1、他的OCEAN計分法把選民分類到心理特質如神經質或恐懼驅動或外向，三十二個類別透過心理圖像，分別鎖定如何影響其想法的心理戰爭。

2、使用強大的演算法，一再測試優化每個人做某些事的觸動機制與準確機率。

3、在選民最常用的平台餵食調配過的資訊，並檢驗其反應方式（按讚、轉Po留言）

4、開發遊說軟體，蒐集並視覺化人民的行為。

5、運用「精準鎖定」技術監控網路觸及率，遞送內容給目標受眾，實時監控，隨時改不同內容，設定每個人看同樣內容不超過三十次。

6、使用軍事心理戰的架構學及集體行為預測，透過引導植入經設計的意見。

如脫歐的歐盟加重年輕人稅賦及難民壓縮年輕人就業等意見，成功爭取了年輕選票。

7、在行為面，劍橋分析會分析兩陣營選民結構，分核心支持者、輕度支持者，勸阻對象、動員對象，分別進行積極說服與消極宣傳，把行為精準鎖定技術及預測分析學用到極致。

在劍橋分析的面前，傳統大數據的精準鎖定靠人口統計及消費習慣分類的作法，彷彿石器時代的產品。

傳統民意調查根本就是完全不是對手，由於具有這樣壓倒性優勢，行銷重點在於讓「自己人」形成閉鎖對話互為主體性，而不必理會外界的真相。

8、根據行為預測劍橋分析也會設計表面與選舉無關的「活動」，尤其年輕選民，如「向政治說No」街舞，或「某某是草包演唱會」或抖音或網紅，透過多種間接方式來塑造族群「互為主體性」的閉環對話。用這種全方位立體的資訊洗腦，造成前所未有的公眾對話新模式。

要注意的是，這種閉環對話基本上就是避免與外界對話，視外界敵意團體，容易成為一種意識型態的對立，基本上是不理性、不開放、不健康的。一個社會如果因為網路操控分裂成一個個小型、自我感覺良好的小行星，則凝聚力瓦解，對立增加，那很多需要共同努力的事就會互相抵銷掉了。所以一旦對話形成閉鎖狀態，社會就開始會分化成利益衝突的次級團體並非好事，但因為這個現象已經勢到難免，因此另一種思惟則是承認大家住在不同的行星。唯一避免集體毀滅的方式是進行行星間的對話，在不否定對方的生存邏輯下，發展兩個邏輯間可以對話的方式。

Tip

必須觀察到底是在跟一個閉鎖對話的群體對話，還是在跟一個開放性的群體單挑。

鼓勵溝通，尤其是開放的溝通，但避免想用對話方式跟閉鎖性團體溝通；不但溝通無效，而且會造成新對立，要思考跟外星人溝通的方式，回到彼此認識物種不同的階段。

對於閉鎖性對話群，重點是如何打開閉鎖性，而非急著對話。

如何開啟網絡對話？

最近各個領域都在談CDP，這是什麼？就是客戶數據平台，也就是組織為了精準行銷，對於客戶的了解已經進入到多渠道客戶資料的蒐集。但這些資料都是行為資料，是廣數據，卻不一定是深數據。

在網絡社群進行對話，則是了解客戶行為傾向及品牌傾向的重要工具。但是這方面個人及組織卻有兩極化的發展。

以組織而言，對話溝通理論發展至今十餘年，但企業組織、政府機構、教育機構一直到非營利組織，大多數組織仍然將網站視為即時性的訊息傳遞機制，並未實踐對話溝通的真諦。例如：有學者就美國大學和非營利組織進行網站分析，發現兩類組織在基本的資訊提供上都很完備，然而在關係建立最重要的對話迴路上卻相當缺乏。究其原因，組織的責任承擔者並不見得希望花太多時間在對話上，尤其怕招惹更多的客訴；也有些顧慮競爭對手利用假客訴來癱瘓客服組織，基於自保及節約資源，對話常常是被動的、防禦型的。

不過相較於機構型網路對話的遲鈍，個人網路對話則成為顯學，這就是大家常常說的「網紅經濟」。據報導，今年三月，因拍攝搞笑視頻而竄紅的中國網路紅人Papi醬，獲得千萬人民幣創投融資；阿里巴巴的數據更顯示，在銷量前十名的商店中，有七名是網紅店家（簡稱網紅）。

網紅因而被稱為繼部落客之後的熱銷關鍵字，「網紅經濟」產值估達千億人民幣。於是出現一大批經紀公司，專門仲介網紅與商家。

在台灣也是如此，不過相較於大陸的網紅，台灣的網紅規模就不能比！

influanxio是一家台灣微網紅媒合平台，它的執行長柯智綸說，廣告的未來在社群媒體。

人往社群移動，廣告就往社群移動，尤其是開放社群的網紅更是具影響力的媒體。因為開放社群是匿名的，來的粉絲全是被內容吸引來的（百分之八十）不是來說哈囉刷存在感的！這種與網友的盲目對話，才能顯現人的本性，也會激發對方「安全感」與「行動力」，這就印證了你可能不相信你周圍的人，但你會相信一個不知你是誰的人講「真心話」！

因此柯認為開放才是網紅經濟的主軸！不過，台灣的規模小，粉絲超過一萬的大網紅占不到百分之一。

一千到一萬的微網紅占百分之其中一千到二千叫奈米網紅。

微網紅的優勢相較大網紅在各方面都是具備優勢，如網友互動率微網紅比大網紅高出百分之六十，圈子愈小愈緊密。

而微網紅的成本也是大網紅的七分之一，至於創造蜂鳴效應（就是達到瘋傳的臨界值）的能力則達二十二倍，且人數多可替換性高，意思是價格漲不起來！這個現象就告訴我們，微網紅的高價值產出了！

這當然是對企業的好消息，不過也意味著網紅進入門檻很低競爭劇烈。

使用個人網路進行公眾對話，最大的限制是不能太商業化，但必須趣味化，而通常企業這一方都不是以幽默感為擅長，以致無法充分運用，運用方必須有極強的敘事能力，敘事學也成為新的顯學。

我對這些自身經營網紅的人，除了前些章節提到的過於用人設來搏流量之外，也不能不佩服很多立志於此領域的個人確實是有創業特質。例如，非常堅持自己的創意，如大陸畫漫畫的安妮，靠金庸竄紅的六神磊磊，或微信的咪蒙對寫作的勤奮。所以網紅中也的確有志在此領域創業的年輕奇才。如果一個企業或組織想要展開網路對話，或許應該捨棄用企業員工做為對話的主持人，引進一些創業型網狂熱者來主持。

Tip

網路對話極為個人化，表面上是一對多溝通，實際上每個人感覺上都是一對一；不過網紅必須要夠機敏，翻新話題。

用企業網路跟網民對話，顯得綁手綁腳，太過被動，實際上很難站上浪潮。

任何人都有必要研究網紅行為學，吸取其在溝通上成功之處，快速學習，趕上潮流。

第五章

對話的條件

對話五力

人的身上多多少少都具有影響力、療癒力、資源力、催化力、專業力這五種能力，而這也是對話的基礎。

想一想，最近人家找你對話的原因？歸納一下吧！

舉例來說畫廊老闆常邀請你去參觀，因為你在圈子有影響力，朋友有問題請教，因為你即使沒有解方也可以讓人過得去。基金會找你，因為需要金錢或物資；新的團隊找你，因為覺得你可以加速計畫的推動；最後，人家邀請你演講、主持會議，是否是看上你的專業呢？也就是說，你有五力，才值得人家對話。

再想想，你主動對話的對象，是否也是因為這五力？大概八九不離十吧？

因此，對話是個現象，但其動機就是「你身上有人家的需要」。本章就是來整理一下，怎樣讓你有對話價值？

時間回到一九〇七年，當愛麗絲・托克勒斯（Alice B. Toklas）這年九月來到巴黎，次日便遇見了美國同鄉葛楚・史坦（Gertrude Stein），從此這兩個猶太女人展開長達四十年的伴侶關係，直到葛楚・史坦一九四六年過世為止。

這兩個藝術圈的傳奇伴侶，在當時可是赫赫有名，其中的葛楚・史坦更是巴黎左岸創作者的文學同伴、中肯的批評家，指引風潮的先行者。

而能讓大藝術家們，從畢卡索到馬諦斯，從海明威到舍伍德．安德森（Sherwood Anderson）這些人趨之若鶩的磁場中心，正是這位葛楚．史坦。

我要說這一段的意思是：能夠自稱是天才的她，絕非省油的燈，她能形成左岸大師們的磁場，自然有她的風格，要讓自己具有對話價值，答案要由她身上去找！

《花街二十七號》（*The Autobiography of Alice B. Toklas*）是本有趣的書，這些後來成為大藝術家或大文豪的人在未成名前靠著葛楚．史坦公寓與畫室的免費餐食與場地，作為果腹娛樂交流，甚至以畫畫交換錢資的救濟站，最後終於成為枝繁葉茂的藝術森林、立體派、野獸派於焉得以進入歷史。葛楚．史坦這位作家，她只做了幾件事：

1、慷慨好客來者不拒（雖然按照慣例她開門會問你是誰介紹來的？但這只是隨口問問）

這代表她有資源力，經得起門下食客三千。

2、有求必應願意從事浪漫的慈善事業：買畫

對於未成名的畫家而言有人願意花錢買畫，是何等重要啊！證明我可以靠畫為生。葛楚．史坦和一群友人如艾塔．孔恩（Etta Cone，畢卡索的藏家）的樂於拉一把下，我們有了後來的畢卡索、馬諦斯，這是一種蠻重要的催化力。

3、對繪畫有相當的鑑賞力，葛楚和她哥哥為了買一幅塞尚的裸女，爭辯再三，最後才勉強接受。而他們到伏拉的畫廊會記得買塞尚的畫，這表示，她的收藏固然有些是基於情境體恤畫家而買，但對自己的美感直覺

與觀點還是挺自有一套的，否則就不足以「發現巨星」。這意味著她的專業力還受到畫家們的珍視的，才會吸引他們拿畫來「請益」，後來很多知名的藏家、畫商、策展人也來到這裡「找靈感」。可見光是好客及做公益還不行，還要有專業力。

4、在27號，來來往往的藝術家各有各的小圈圈各有各的問題，平常互相不屑的他們還是會來葛楚·史坦住處，爭著替她畫肖像，以某種方式諂媚葛楚，重要的是她總是兼容並蓄、超然立場，給予各方恰當的鼓勵與支持，這裡具有療癒力。

5、透過27號來著不拒的串連，海明威幫忙出主意、畫廊找她協助策展、馬諦斯與畢卡索在她的引介下，發展出亦敵亦友的關係、人際網路的經營，讓葛楚·史坦的影響力倍數放大，任何難題找上她，她總是有辦法排難解紛，而且以優雅體面的方式處理不給人難堪，因此影響力形成正向循環。當然她的收藏隨著這些畫家的知名度財富也水漲船高，只可惜她與愛麗絲並無婚姻關係，這些財產最後都落到她的後代去了。

從文壇教母葛楚．史坦的傳奇，我們可以看到影響力、療癒力、資源力、催化力、專業力，這五力如何發揮作用。當我們在了解一些人物傳奇時，通常很難不去辨識他們這五個條件，也就是其實我們之所以有價值，完全看我們擁有的五力多寡及會不會運用而已。

Tip

我們在生活中，都不知不覺在累積資源，催化一些事情，養成一點專業，提供某種療癒及發揮自己的影響，只是你要有意識的去經營它。

讓人家願意跟你對話，是更好的對話情境，所謂「花若盛開，蝴蝶自來」，你的五力就是你的吸引力！

找到價值空間

在花街27號，我們看到一個空間如何創造價值，那是一九〇七年的巴黎，藝術革命的躁動期，成就了葛楚．史坦。但，在現在的時代，空間要怎麼看呢？

每個人都有營生其中的空間，關鍵是你如何看到空間的價值？

我的一個朋友戴彰紀，他的旅店是背包客最愛的旅店，常常榮登trip advisor排行前十中他的旅店就有八九家，可說是國外旅客的最愛。他最新的一家在台北復興北路。他找了策展人陳俊良來策劃，結合五個藝術家，在每一樓設主題，每個房間展現主題，如溫度，如繪畫、飛翔，都進入每個房間的設計。

本來，旅店只是住人的商業空間，裝潢常常規格化，不是線條就是木紋，但戴董把所有立面給藝術家甚至慈善團體，做另類畫廊使用；於是，旅店贏得藝術家的讚譽，又給國外旅客體驗台灣的文化創作。運用了營業空間，創造了新的結合點。

幾年前同樣的戴董為了支持台灣音樂團體灣聲樂團，在台北旅店的地下空間舉辦音樂沙龍，這個沙龍是由戴彰紀自己成軍的一個「灣聲推動組」用一個禮拜策劃出來的！

規模雖小，樂團首席全到場，除兩位小提琴，中提琴及大提琴外，李哲藝演奏豎琴，更是大開眼界。這項音樂會旨在發起「灣聲樂團」的後援會，自此之後，飯店的公共空間又多了很多用法，音樂沙龍、卡通展覽，推介藝術家賞析等等。

這種空間的再創生，運用空間創造價值，還是充滿了機會點！同樣的，只要有空間就有資源力（空間連同地點優勢與設施）、戴董自己領軍，具有對藝術家的催化力幫人一把，灣聲樂團就成為台灣重要獨立樂團。

戴董的熱情，對一些條件艱苦的藝術團體頗具鼓舞的療癒力，因為不可能的事戴董都視為可能。

專業力在戴董就是行銷。記得灣聲剛成立時，團長李哲藝說「我除了懂音樂外，其他都不懂」，戴彰紀說「我除了不懂音樂外，其他我都懂，我們搭配剛好完美」。

所謂專業力對藝術團體而言就是找到支持者，這是專業力。

最後，由於藉由活動，戴董的人脈網絡開始跨界連結，彼此增強，發揮統合的影響力！

也就是說，每個人要增加與社會的對話能量，在自己擁有的空間採創新的思維，經營出空間價值，五力就跟著來！

我個人在職場其實過去擁有廣大的空間，但因受制於傳統商業教育，一切精力全用在追求利潤、管事理人，自然就忽略了空間的巨大潛力。原來，對話需要的空間，不只是心理空間（就是我有空），還要物理空間。一九〇七年巴黎左岸的花街27號、莎士比亞書店，二〇二〇年的台灣台北旅店，都在做同樣的事。想想，你有什麼空間，可以成為這個時代的對話空間？

華山青鳥書店，一個狹窄的空間可以舉辦人文講座、賣咖啡；迪化街青鳥，則有花街27號的氛圍……，利用這個空間，或許可以成就另一個葛楚．史坦……。

Tip

公眾對話，不僅限於個人的魅力，空間的魅力也很重要。空間成就場景，場景聚合人群，人群產生共鳴，共鳴成為力量。

對話的出發點：議題設定與美學風格

VERSE創刊，社長張鐵志在回答問題時說：「是的，我們的策略就是議題設定與美學風格！議題設定很擅長擲地有聲給人衝擊；美學風格就是一定要酷！擺脫通俗美學想當然爾的樣貌。」在網絡時代辦傳統雜誌，要有很強的心臟，因此堅信自己的策略無人能做到非常關鍵。

我在工商時報擔任總編輯時，也隱隱然知道公眾對話的重要性。每天出報就像一場公演，版面就是舞台。那麼，我的策略是什麼？

還是這兩招——「議題設定與美學風格」。

就議題設定而言，我在乎的是讀者今天應該關心什麼？而不是昨天發生了什麼？我會去詢問同仁明天股市開盤大家會關注的「第一眼訊息」是什麼？大家抽樣調查。然後整個頭版及內頁分析稿都朝這個議題去做，我的口號是「把明天晚報會報導的重大事件在早報就做掉」！由於議題設定屢屢超前部署，工商時報前任老總編碰到我就劈頭跟我說：「你是未卜先知嗎？怎麼我早上觀看市場覺得今天應該要報的新聞事件，竟已一早還沒開盤就出現在工商時報上了?!」

議題設定的差別會左右當天的銷路，在新聞競爭扁平化的時代，真正吸引讀者的是議題設定。有沒有想過：當媒體還在一片報導「已發生的事實」時，有人已經開始報導「與即將發生的事有關的事實」？這一點點差別，就決定了視野與結果。

這樣還不夠，美學風格會讓一個媒體特別有影響力，這要有奇兵。

我在總編任內做到了一件其他日報做不到的事情，也可能是空前絕後的，就是當天新聞配即時的時事漫畫；換言之，把新聞或新聞評論直接搭配文字視覺化！

在我以前不是沒有時事漫畫，但通常是今天的新聞要一兩天後才有時事評論漫畫，因為漫畫家要看到新聞才開始構思及完稿，時間是個限制條件。然而會造成強烈衝擊的是同步文字的視覺設計，因為有限制條件，才造成新的創新。我跟漫畫家王平組織了一條內建在編輯部的漫畫同步生產線，一邊編新聞一邊定位漫畫包括尺寸及內容，力求兩者完全吻合同步刊出。

這個設計是如此成功，以致工商界一覺醒來，往往先找漫畫看再看內文。成為一時風潮，卻又難以模仿，競爭對手一度曾想仿效，但事實這件事需要一個有漫畫概念的總編輯與能夠高效完稿的漫畫家，這兩個條件並不容易同時出現。

在新聞同質化的時代，美學風格的創新就大大提升產品的價值超越對手。

廣義來說，媒體跟藝術表演一樣，透過版面視覺組織，展現觀點與訊息，與當日接觸報紙的讀者對話。這個認識在我的紙本生涯，也已經存在。我每天都在跟潛在的甲方對話，其中的關鍵就是這兩點——議題設定與美學風格。

尤其到了網路時代，即使在網路呈現，議題設定再強仍然難以留住眼球，美學風格具有特色有時反而成了入門必須。

Tip

什麼是美學風格？大體上有八類：

1、設計美學：創造符號價值，非物質性的心靈滿足。

2、使用美學：蘋果機很簡單，單一產品卻讓人馬上個人化。

3、工作美學：讓工作場所的空間智能，成為員工的好環境，如Google總部的工作設計。

4、服裝美學：服裝代表品味階級權力與行為語言，本身也是社會化的展示。

5、品牌美學：讓消費不是認同品牌，而是加入美學部落，成為品味的社群，如LV。

6、城市美學：不是空間，而是每個角落，天際線，建築物及非建築的所有 place。如老樹下說書、河邊騎車、碼頭垂釣、公園打盹，通通組合成一個美麗的集合體。

7、品味美學：品味是令人感動的私創作，是可以感受的組合。

8、商品美學：北歐商品的綠設計，日本人的 wabi sabi 都創造了對時間、環境、生滅的獨特商品美學。

如果你想要跟公眾對話，而且是持續累積印象的對話，無論你是面對面、紙本、網路，務必要有自己的美學風格，讓人很容易辨識及親近。

請注意，這種以美學風格為中心的非語言的對話往往是極有影響力的對話！

「反」對話

我們談了很多如何如何對話，但這只是人性的一部分。其實對話的另一方面是反對話，反對話是什麼狀況呢？有時文學可以給我們很多啟示，美國前輩文學家舍伍德．安德森，他的最著名小說提供我們很多反思小鎮文學中人性的角度。《小城畸人》（*Winesburg, Ohio*）是舍伍德．安德森最負盛名的小說集，也是他奠定自身文學成就的重要作品，集子收錄了二十餘則俄亥俄州溫士堡鎮居民的日常故事。

小說中他簡練地描繪了這個時代的景象：伴隨著工業革命、海外遷徙、火車與城市的出現，新聞出版業迅速發展，「世界歷史上最物質化的時代開始了」，但是「美麗而孩子氣的天真爛漫」卻永遠消失了。在那個一切都往工業傾斜的時代，小鎮的人群呈現了經常頓悟卻又逃脫不了孤獨，這種頓悟矛盾。

在他筆下，小鎮上的人始終都在經歷「頓悟」的瞬間，然而「頓悟」從不指向得救，反倒將他們引入更為難堪的境地。

於是，某種程度，書中角色或多或少都得了時代失語症。就是一種對情勢的發展漠然無言，沉入精神上的深淵，但失語症還有另一重轉化形式，那就是他們直接由沉默走向宣講或行動。沉默是拒絕交流，宣講與行動則徑直跨越了語言的交流功能，所以兩者仿佛相反，實質殊途同歸。大家要看得懂有人在宣講只是他拒絕對話，有人忙著做事，表現出忙碌，亦是一種反對話。

由這本小說映照到當下的世界，時代快速的由工業化轉入數位化，網路把人群聚集在一個個社群小鎮，現代人某種意義上熱心對話、常常頓悟，但卻不免也淪入時代的失語症。有些社群選擇光談貓狗食物旅行，對大議題完全失語；有些社群則用宣講或行動取代對話，「兩者實則殊途同歸，就是拒絕對話」。

於是，安德森得到他全書的結論。在他看來，「真正的生命史就是一部瞬間史。僅僅是在那屈指可數的瞬間裡，我們才得以存在。」其他時候人的一切也都是泡沫光影而已！

我舉這本書為例，就是要告訴大家，這世界存在很多反對話的暗黑人性，積極對話並非理所當然，是一種抗拒人性下墜的努力；只要放棄這種努力，世界會滑向的是彼此對抗而非對話。

碰到網路有很多「互為主體性」的小鎮，那些鎮民只容互相認同，不容批評，一旦有不同聲音，就會集體向你宣講，或採取行動封鎖你、號召其他人來圍剿異議分子。這意味著這是個「反」對話的族群，我們最佳的策略是祝福及保持距離。

也會驚覺這個世界並非都是喜歡對話的。

Tip

我們在處理社會溝通、集體對話時，並不能假定對話是人人的需要，世界上要開啟某些人願意對話，遠比想像難多了！

你好，這是我的名片

蔣友柏在大陸出版了一本書，書名就是《你好，這是我的名片》用一本書來介紹自己，當作跟人家交換名片，給我蠻大的啟發。

原因是跟我交換過名片的人成千上萬，但真正記得且有來往的恐怕百中選一而已。交換名片變成是社交，只是方便現場稱呼的工具，人家不在乎我的事業或志業，通常我也是一樣。有沒有人要花一本書的篇幅讓人家認識我呢？非常少，蔣友柏就是少數中的一個。願意用一本書的厚度介紹自己，也需要自己有值得人家知道的做到啊！

我因此體悟到：原來我們真正的名片是我們自己的做到。

拿賈維斯來說吧！賈維斯是一家網頁設計公司的老闆，他原來在一家公司替客戶做網頁，二〇一三年他決定再創業，沒想到原來公司的客戶都紛紛自動轉到他的公司來。因為他在原公司的做到，讓客戶離不開他。

為什麼會這樣？他的意見是：對於工作與生活，必須由「內在價值」驅動，別讓外部的價值來影響你的人生。自己值多少是由自己的內在價值所定義。

他要表達的重點是：

1、不用相信規則或公式，直接嘗試，從自己的經驗學習

賈維斯離開他任職的網頁設計公司卻接二連三接到客戶問他要去哪家

公司？他們想把業務移過去繼續請他做，於是他意識到自己成立公司不就好了？這個就意味著如果你有能力在公司內讓客戶滿意，你已經有創業的第一桶金（虛擬貨幣）。

所以，創業的前提是你有讓人滿意的自覺！你的做到產生信任，信任帶來口碑。

2、用你的獨特性讓社會跟你交鋒

賈維斯發現做買賣最好的方式是傾聽內心的聲音就好，千萬別去模仿別人的故事。

俗話說：經典是別人的做到，不是你的做到。你唯一能賣的是：「你的做到」。

3、名片就是有自己所做的全部

他建議我們，名片就是自創的系統，除非自創自己的系統否則你就會成為別人系統的一部分。

市場上已經有的就不值得去跟，你一定要偏離已經踩爛的主要道路。比如蔣友柏開設計公司就要自創五星理論，就在弄自己的系統！無論成功與否，自創才是名片的王道。

如果路上你發現有人比你做得更好，趕快轉向，因為你沒時間重複做別人會的事！

4、我用我的價值觀定義我的價值

你如果有價值，一定要是吻合你的價值觀的。裝出來的價值不持久，這點很多人不明白，只是裝得有價值，卻未必信服自己的價值，結果一定不會太好。我有一個自己的價值觀，默默做很久，就是「成為別人的好環境」，但在實戰過程中，怎樣傳輸這個價值觀呢？才是重點。

5、你能宣傳是因為你做的真的夠好，否則是逆行銷。所以專注做好工作優先於被買單。

6、什麼叫具有特色的公司，是客戶壓根兒遇不到同等級的公司，反過來說，就是只有你這樣，其他人都不是這樣的公司，這才是真正真金白銀的名片。

7、不用追求完美、追求獨特才重要

別在意別人的意見，你只是需要不斷創造及展示你的工作，實力就在於你做到多少？

你的每個做到都是虛擬資本，將來的機會靠過去的做到累積！

8、積極分享，別想取悅人而是要影響人，分享不是刷存在感而是要大家更清楚認識你；不用刻意推銷，只要適當的分享。

9、用較小的步伐找到自己的聲音，在每篇文章與做的每件事當中，都添加一點點勇氣；直到這一點點自問自答的勇氣，累積成可以訴說自己的真實故事。說故事發出聲音是需要轉音的，就是一點一滴投入勇氣。就像我說的「成為別人的好環境」的價值觀一樣，每次多做一些些，加上一些勇氣，推著自己前進。

10、別想要滿足別人的期望，唯一要考慮的是用自己的方法完成，用真正的熱愛架構你要完成的東西。我常聽一位朋友說，「我不是要做到別人的期望，而是要超乎他預期的期望」。

如果你的名片中隱含了這十點，那麼，當你跟人接觸時，就要表達你是這樣的人；否則名片只是社交道具，不能攬住人心，更不能有效對話。

想想：現在你在人家心目中用的是哪張名片？誰會拿著那張名片來找你？這就是你對話的接觸點！

Tip

名片不是頭銜，而是人家能否認知你的價值？到底最近主動來找你的，是怎樣認知你這張名片的？

檢驗一下，下面三個問題：

當你遞過名片時，對方說：「哦！我知道你在做的事，我有參加！」，還是「你好，幸會！幸會！」

當你交換名片時，你是否會問他，你這個事業是做什麼的？

當人家跟你交換完名片後，還有持續聯絡嗎？十個中有幾個？

從釀酒看人生

人生就像一瓶酒，對話就是釀酒過程。

在戴董的餐會上David妙語如珠，我則偷偷學習，長見識了！David分享他在葡萄酒酒莊的體悟：

1、「除非能共好只能共慘」！

為何Napa的葡萄酒比其他地方貴四成？其實該地葡萄不多，百分之九十六的葡萄都是美國中部地區產的？因此不是什麼土質、氣候、品種的特殊性，決定了價值，成本、品質都差不多，不是酒貴的原因。

真正的原因只有一個就是 Napa 酒莊有默契，懂得互相拉抬。

當你到甲酒莊去試飲用餐，甲酒莊會推薦乙酒莊的酒和餐飲，依此類推……。

其實他們在市場上都競爭很激烈，為何會互相稱讚對方？

道理也很簡單，就是彼此拉抬 Napa 區的整體品牌印象，印象值錢哪！

試想，如果你到一個酒莊區去買酒，各個酒莊都拚命說對方的酒不好、品種差、價錢貴，這樣你會對該產區有好印象嗎？惡性競爭結果，在市場上只能共慘了！

難怪 Napa 的酒同樣成分品質就是要貴上四成！

David 說這是他在美國學到的「商道」。

我聽了，內心頻頻點頭，也頗有感慨，台灣什麼都好，就是學不會的 Napa 商道。你到民宿去，大家都說自己如何如何有境界，往往不會推薦其他民宿的餐酒風景；於是，競爭只會拉低價值，不會抬升價格。不過我現在要修正一下，最近到台東住民宿，有四家鄰居講好一起開民宿，各具品牌，這也是一種共好的作法。

有人也常質問我，我都把別人寫的太好了！為什麼寫展覽寫藝術家、寫表演寫畫廊，總是寫好的光明的，不太強調他的缺點？不夠公正。我聽了 David 說，不正是印證了 Napa 精神嗎？台灣不過是個酒莊，咱們最好彼此拉抬，公開多說別人的優點、強烈推薦你去造訪；至於不足部分私下給建議，而且不用批評的形式用分享的形式。這樣整個藝術圈價值就高四成了！

2、「鋼鐵是怎麼煉成的」？

David分析，一瓶葡萄酒的味道，百分之二十是品種，百分之四十是發酵過程，另百分之四十是存在木桶的時間（這包括木桶本身、環境、及時間）。

也就是說，葡萄種植的條件及品種、收成時間只占百分之二十，其他都是後天的培養。

如果一個人像一瓶酒，你的DNA天性只是品種問題，你的經歷就是發酵過程，這中間看你怎樣發酵自己。但你的環境構成一個容納你的木桶，內心的所有品味見識風格孕育出最後的百分之四十。如果你的桶子夠好，發酵用愛、關懷、感謝，同時醇化原有的自私、貪念、黑暗，轉成智慧、寬容、體諒，那你的內在跟桶子（環境）作用，吸收了人本、自然、文化的況味，你這瓶酒就是好酒，人家一喝都感覺甘醇美味。因此，一個人別怪先天條件後天遭遇，端看你環境的橡木桶及內在的過程，就夠了。它是你最後出廠味道品質的關鍵。

我們每天都在對話，不是跟自己，就是跟別人。跟自己對話就是那個桶子內的優化，跟別人對話，就是在經歷的優化。這兩個主要活動決定了你這瓶酒品質的百分之八十，就如同David說的，你把自己釀成怎樣了？

在我們關心跟別人如何對話前，有沒有注意到自己的「品質」是怎麼來的？你善於跟自己對話嗎？你盛裝自己的是愛、關懷、感謝嗎？你夠味嗎？

經營自己的必要

在對話之前，先問自己你身上有別人的解藥嗎？否則對話只是白努力而已。

日本作家山口周說：ＭＢＡ這種「屬於二十世紀的優秀」將走入歷史，「求出正確答案的能力」已失去價值。

舊人類會擴大複製現代的問題，新人類是能「發現」問題的人！或者直白的說，是出題目提供前所未有視域的人。

身上有別人的解藥，講的不是可以照搬照用的經驗，這也就是過時的想法。

真正的解方是提供給人家新的可能性，並知道怎麼去做！

那麼，如何經營自己，是對話前的功夫。這裡提供我的經驗：

1、你應該要是個藝術設計雙棲人

能夠給這個社會幫助的人身上有一種化腐朽為神奇的力量，那就是藝術與設計的混種力量。

藝術跟設計看起來很像，尤其是推測設計，推測設計是批判既存世界的設計，跟為世界的現在而設計不同。藝術用可視的方式提出問題，推測設計讓不可視的問題成為類真實的成品。都是可能性的提供者。

可能性的提供，就是一切對話的目的。

有人會說我又沒有藝術分，創造力不足，不會的，創造力有大小，只是大C小c差別。但你也可以只是小c，就夠了，因為我們不需要是達文西（大C），我們是天生可以的藝術家（小c）。別小看小的c，有時小c會長成大C的。星巴克一開始提出鄰居聚會的場所這個可能性，努力在咖啡店中經營人的事業，開始是小c，後來發展成大C。這教育我們經營自己不是零與一的問題，而是我們學會長期磨練長期打算，累積混種力。

像我，經常在藝術中找生命，在生活中看生命，在商業中看藝術的啟示，就是在累積小c。

於是碰到問題討論人群溝通，就會迸出不同的可能性。這種東西一部分跟文化有關：如一缸魚在那裡，日本人看到魚缸、老美看到魚，兩種文化面對物體與環境，是這麼習慣不同！

如果你能多學習不同文化對物體與環境的視角，你的視角就比較廣，你就有可能把小c變成大C。

另一個類似的視角是物體與背景，你看蒙娜麗莎的微笑有注意到背景在哪嗎？楊詰蒼就拿掉人用背景去創作。有時背景才是可操作空間。楊詰蒼站在蒙娜麗莎同樣的位置，向觀眾射箭，成為他在上海民生美術館展出的代表作。這個作品讓我深思，二維畫作可以被他三維化，既定的視覺印象被他抽掉，但背景依舊山河在。他跟我的對話就很有想像空間！我們不要被顯而易見的東西設定，有時置換背景與主題，可以提供更多的解方。

2、你應該注意的是找燈塔，用地平線外的指引來前進

當大家還在問題導向解題導向時，你早已由SMART（明確、可測量、可達成、務實、有時限）位移到MDQ（重大戲劇性問題）。MDQ是燈

塔，是地平線那邊的導向點，當它被回答，整個新世界就此展開！

我們在處理與公眾對話時最忌諱跟著問題跑、提出急就章的答案，永遠要問對方這戲的MDQ在哪？我們在這裡碰頭！這是我後來學到的一種好方法。

我是MDQ狂，關鍵轉折點的追尋就是過程的精華！它可以適用範圍極大，那什麼是MDQ？例如電影《當莎莉碰到哈利》的劇情：

情節問題是：哈利和莎莉之間會發生什麼事？

MDQ則是：男人和女人真的有可能「純友誼」嗎？也就是「重大而戲劇性的提問」。

在《哈利波特》中——

情節問題是：哈利會打敗佛地魔嗎？

ＭＤＱ則是：善良能否勝過虛名及邪惡的平庸？及哈利能否既平凡又非凡？

對於只會就事論事的人，一切只有情節，只有事。看不到大戲劇性問題。對話要精彩，在於一眼就要能有ＭＤＱ切入，對話因此完全不同。

在我當總編輯的時代，我總是用關鍵戲劇問題下標，而不是用事情下標，例如美國大選，標題是「拜登可望贏得總統」及「川普翻盤的關鍵在哪？」兩種標題，吸引力截然不同。

3、當對話來到「造船」問題時，你必須能接招

什麼是造船？就是落實可能性，要實現的具體成果去造的那艘船！

我在林茲 **OKcenter** 看到藝術家居然在高塔側面做了一艘懸空的飛船，經過解說，我才知道造船有多細膩的系統工程，物理性的、工法的、風速

風向的、財務性的，最後才是設計性的。對話不能老務虛，有時是要務實，務實，是你身上有沒有造船能力？對話的最高目的，只要共同造船，而非只是「說服對方」。

當你跟藝術家一樣要開始「造船」，就要學克里斯托及珍克勞德（Christi and Jeanne-Claude）他們，用一百萬平方呎布把德國柏林國會大廈包裹起來（一九九五年）。十年後在紐約中央公園創作了大門（the Gates），將七五〇三個南瓜橘的金屬框懸吊起來。他們沒接受政府與私人資金贊助，是怎麼做到的？經過妥善長期的規則他們靠賣各種相關圖畫，包括準備期草圖及各種印刷品籌經費。

他們從小處著手，開始時包裹湯罐頭，一九六二年包裹機車，一九六三年福斯汽車……日復一日累積創作集資超過十年，才開始更大的計畫。國會大廈由計畫到完成是二十四年（一九七一～一九九五年），大門是二十七年（一九七九～二〇〇五年）藝術家不搞天使基金，累積動能需要時間，造船是不容易；所以一旦對話進入實踐階段，如何理解造船的思路與溝通，就是另一個MDQ的大事！

4、習慣製作人思維

製作人製作市場結構本身。因此製作人要能穿衣改衣。符合市場結構只是製作人的第一步，製作人更要創造物件可以存在的系統。有件事很重要，藝術家思考問題，不是在既存的系統擺上符合需要的物件，而是給新的物件創造一個適合的系統。

想想舞台劇好了，要演戲先要創造舞台場景。河床劇團要演「當我踏上月球」為了給觀眾無重力感受，突破傳統的觀看空間，觀眾席以三百六十五度圍繞舞台布置，觀眾俯瞰表演，如坐天井，也像是圍著池塘看金魚。河床改變了觀看系統，也衝擊了表演的系統，這是經典的製作人視野。

河床不只是演戲（產品），而是重新設計容器（劇場）；設計容器要對市場工具有「物質機智」，也就是將資本主義的可能性與侷限當作設計的媒介，巧妙運用之。例如河床就把劇場這個容器完全重新設計了，我們可以有很多種能力，但這種能力最須掌握。

這裡最關鍵的能力「物質機智」，即專注再優先原則，把材料用在意外目標的能力。

羅伯．波西格（Robert M. Pirsig）《禪與摩托車維修的藝術》（*Zen and the Art of Motorcycle Maintenance*）這本人手一冊的大賣書的關鍵場景

中，有個角色發現，如果他忽視啤酒罐上的標籤而看清本質——其實它是一片有彈性有塗裝的金屬，可以用來修理壞掉的機車，我們稱為「馬蓋先式的藝術家心態」。

讓那個啤酒罐由廢物變成寶物，永遠是藝術家刺激的題材。也有一家公司發現，如何解決廢玻璃的污染，最好的方法是：把玻璃廢料壓碎磨成粉做分隔道的反光珠，再讓車子輪胎把它磨成灰，回歸大地，也成就了一家龐大的企業。這種物質機智太迷人了！台灣一家小智研發，它的經營策略就是把所有垃圾都變成有用的、環境友善的器具！這就是顛覆系統，重構舞台的經典。

5、你能掌握資源邊際，即成本

即使是純創作，非營利的作品。藝術家最起碼也要「吃米要知道米價」，成本結構仍是腦中必須快速浮現的畫面，固定成本、變動成本、邊際成本、平均單位貢獻、邊際貢獻等。一旦想「造船」，就要先快速跑一遍損益兩平及盈虧曲線轉折點。這看起來是傳統思維，但也是你說服別人加入你的系統的橋樑。藝術家有敏感的眼睛，會看到企業差別愈大，它們彼此的關聯愈多（相似的成本結構、銷售方式、話語權……）。但企業愈相似，它們得細微差別就愈多（價格彈性、經濟規模、變動與固定成本比例、週轉速度……）。經營自己的實戰對話力，百分之八十取決於對成本的敏感度。

我聽青鳥書店的負責人蔡姍姍說她如何改造書店？雖然她沒有講成本地圖，但她對咖啡採用自己垂直整合的供應系統，開發適合一邊看書一邊吃的餐點，創新營運模式，計算平衡點，就知道經營者第一就是要讓人家對成本控管有信心，這也是一種解藥。難怪很多書店經營者都要來委託她經營。

6、打群架永遠是較佳的策略

其實跟自己處境相同的藝術家靠攏，是比較好的策略，過去幾年在藝術市場炙手可熱，作品賣翻了的英國藝術家戴米安．赫斯特（Damien Hirst），起步就是為自己和朋友們辦團體展。

要是他沒這樣做，就可能無法創造群聚效應而吸引到收藏家查爾斯．薩奇（Charles Saatchi）來看展而成為支持他的夥伴。

7、一切都只有可能性，沒有必然性，所以創造B點永遠是最棒的主意！

關於由A點到B點，有個人的例子最易說明：亞當斯密。

亞當斯密在A點世界中看起來不像經濟學創始人，他早二十年寫的是「道德情操論」主題不是商業，而是同理心的重要。（對別人設身處地的想像力）他開始寫《國富論》時用意不是寫經濟學，而是試圖建構人類的歷史進程。只是碰巧時代讓他碰上重商主義，他提出了燈塔問題，隨後一大堆人試著回答這個燈塔問題，「一隻看不見的手」產生了資本主義和共產主義制度與陣營。第一回合國家看的見的手輸給市場看不見的手，導致蘇聯解體，中國走向具有社會主義特色的市場經濟，因而發明了我們現在身處其中的B點世界。不過，如果亞當斯密生在現在，他用這個已知的A點可能會再重新提出燈塔問題：到底人類會不會毀滅於那隻看不見的手？因而重新發明「心富論」，朝向一個完全不同於現在的B點……。也因此，即使歷史已經過去了，只要B點不同了，結果就會完全不同。這告訴我們

——

值得每次做事前再想想：

我到底在創造世界（自己發現的B點）？還是被世界所設定（別人給定的B點）？

對話可以不可以讓世界更好？答案不在對話本身，而在你有沒有點子，可以讓世界移到新的B點！

結語

在談社會溝通及群體對話這個主題上，我們已經走得很遠，我們基本上是翻修了對「溝通」與「對話」的認知架構，探討了更本質的問題及更廣泛的議題。

其中，很大部分是我的經歷，也有一部分是在歷程中從別人身上發現的感動。

本書用一步步深入方式，由對話先對位開始，繼而解說交換得各種樣態，接著由藝術的思考方式提供更具創意的對話方式。到這裡具備了對社會溝通的各種設計與模式，接下來，我們不能忽略虛擬世界的對話問題，它如何改變我們的思考與行為習性？這可是迎面而來的大趨勢！

最後，我們來到對話的主客觀條件，其中花很大的篇幅在經營自己的作法，因為對話到最後需要完成行動，自身的條件就是關鍵！

總之，人來到這個世界，就是來修對待別人的，先由對話開始，然後才有可能善加對待！

BIG351

社會溝通：人人都需要的群體對話課

作　者—鄭家鐘
副 主 編—謝翠鈺
封面設計—陳文德
美術編輯—趙小芳
董 事 長—趙政岷
出 版 者—時報文化出版企業股份有限公司
108019台北市和平西路三段二四〇號七樓
發行專線—（〇二）二三〇六六八四二
讀者服務專線—〇八〇〇二三一七〇五
（〇二）二三〇四七一〇三
讀者服務傳真—（〇二）二三〇四六八五八
郵撥—一九三四四七二四時報文化出版公司
信箱—一〇八九九　台北華江橋郵局第九九信箱
時報悅讀網—http://www.readingtimes.com.tw
法律顧問—理律法律事務所　陳長文律師、李念祖律師
印　刷—紘億印刷有限公司
初版一刷—二〇二一年一月十五日
定價—新台幣三〇〇元

時報文化出版公司成立於一九七五年，
並於一九九九年股票上櫃公開發行，於二〇〇八年脫離中時集團非屬旺中，
以「尊重智慧與創意的文化事業」為信念。

社會溝通：人人都需要的群體對話課 /
鄭家鐘作 . -- 初版 . -- 臺北市：時報文化，
2021.01
面；　公分 . -- (Big ; 351)
ISBN 978-957-13-8510-5(平裝)

1. 人際關係　2. 人際傳播　3. 溝通技巧

177.3　　109020693

ISBN 978-957-13-8510-5
Printed in Taiwan